Peur de son ombre...

La Lumière est en nous

Michel Théron

Peur de son ombre...

La Lumière est en nous

© Michel Théron, 2017
Éditeur : BoD – Books on Demand
12/14 Rond-point des Champs Élysées, 75008 Paris
Impression : BoD – Books on Demand, Allemagne

ISBN : 9782322100859

Dépôt légal : décembre 2017

« *Le Royaume de Dieu est à l'intérieur de vous.* »
(Luc, 17/21)

« *Arrête-toi, où veux-tu encore aller ?*
Le ciel est à l'intérieur de toi.
Si tu le cherches ailleurs,
jamais tu ne le trouveras. »
(Angelus Silesius,
Le pèlerin chérubinique – I, 82)

« *Et tu seras pareil, Nathanaël, à qui suivrait*
pour se guider une lumière que lui-même tien-
drait en sa main. »
(Gide, *Les Nourritures terrestres* – I, 1)

Avant-propos

Les textes qu'on va lire proviennent tous d'articles que j'ai publiés, de 2007 à 2017, dans la revue bimestrielle *Golias Magazine*. Mention est faite à la fin de leur date de parution. Comme ils sont très étalés dans le temps, j'espère qu'on m'excusera s'il peut demeurer d'un article à l'autre quelques petites répétitions.

Malgré leur variété, ils obéissent tous à une même démarche : refuser l'idée d'une Puissance extérieure et antérieure à nous, fruit d'une projection que nous faisons, et que nous imaginons pour justifier les craintes qu'elle nous inspire et les espoirs que nous avons de les voir finir. D'où le titre de ce livre : *Peur de son ombre...* En réalité cette puissance est en nous-mêmes, si nous savons bien l'y chercher. D'où le sous-titre : *La Lumière est en nous*.

Le chapitre initial, intitulé lui-même *Peur de son ombre*, a été écrit à la suite des attentats terroristes qui ont frappé la France en 2015. J'y ai exposé en quelque sorte, face à ces événements tragiques, mon credo personnel. Ce chapitre éclaire l'intention du livre entier.

De façon générale, tout le livre montre les dangers où à mon sens conduit l'idée d'une divinité transcendante, comprise dans la pratique comme une puissance mandante délégant son pouvoir sur les âmes à ses mandataires, les Insti-

Avant-propos

tutions ecclésiales. Il jette un nouveau regard sur cette construction millénaire, et revisite les textes sur lesquels elle s'appuie, en apprenant à les lire autrement.

La première partie traite des peurs en général. Pour le classement des articles dans la deuxième et la troisième partie, j'ai opposé la religion vue comme contrat et comme lien (*religio* < *religare*), et la religion vue comme une relecture, à la fois des textes et des profondeurs de soi-même (*religio* < *relegere*). On sait que les deux étymologies sont possibles de ce même mot latin *religio*. Ma préférence va évidemment à la seconde.

Cette opposition correspond à la différence entre la *religion*, au sens traditionnel du mot chez nous, et ce qu'on appelle la *spiritualité*. J'appelle de mes vœux la venue de cette dernière, surtout dans la période troublée que nous traversons, où se déchaîne une violence que l'on a commencé par projeter sur l'image de Dieu que l'on s'est créée, image assujettissante que l'on reproduit ensuite par mimétisme dans sa propre conduite, pour lui être soi-même conforme.

Je remercie enfin mon illustrateur Stéphane Pahon, qui a fourni les images terminant les chapitres *La Trinité barbare* et *Peur de son ombre...*, ainsi que celle de la couverture. On peut le joindre sur sa page Facebook : Pahon Création (C).

Décembre 2017

Les peurs

Peur de son ombre

Les tragiques événements qui viennent de se produire à Paris ont suscité bien des commentaires, en particulier celui invitant à ne pas faire d'amalgame, à bien distinguer islamisme (agressif) et islam (pacifique), pour éviter de stigmatiser une population elle-même victime des activités terroristes. Ce discours tolérant et victimisant, humaniste et plein de bons sentiments, a suscité une majorité d'assentiments.

Cependant je ne le partage pas. Pour plusieurs raisons, certaines de surface, une autre de fond.

D'abord je fais remarquer que beaucoup de textes du Coran, comme aussi de la Bible, sont d'une très grande violence. On y voue aux gémonies les « mécréants », et on appelle sur eux le châtiment divin. Bien sûr les exégètes d'esprit ouvert disent qu'il faut les contextualiser, et dire qu'explicables en leur temps, ils n'ont plus de pertinence aujourd'hui. Peut-être aussi serait-il bon de leur donner une signification symbolique, faire par exemple du combat (*djihad*) une lutte non contre un ennemi extérieur, mais une lutte intérieure ? Mais le problème est que ces exégètes humanistes ne sont pas majoritaires dans leur communauté, et que l'interprétation littérale est souvent la seule à y être reçue – et parfois, on le voit bien aujourd'hui, de façon catastrophique.

Peur de son ombre

D'autre part le Texte sacré est présenté comme venant directement de Dieu : c'est le « livre de Dieu ». On ne peut rien en retrancher et rien y rajouter. Il faut le prendre tel quel, dans son hétérogénéité même. Qu'importe alors que des passages d'amour y voisinent avec des passages de haine ! Il y aurait certes de quoi faire réfléchir sur la nature hétéroclite d'un tel Livre. Mais rares sont ceux qui se posent la question de son unité.

Je répète que le problème se pose exactement dans les mêmes termes pour la Bible, aussi bien la juive que la chrétienne. Il faudrait pourtant y voir, comme les chrétiens protestants libéraux, non pas le livre « de Dieu », mais le livre d'hommes parlant de Dieu. Alors on pourrait faire le tri, admettre ce qui convient à la conscience humaine, et rejeter le reste. Mais ces esprits, là encore, sont minoritaires.

J'en viens à la question de fond. Il me semble que tant que l'homme posera comme extérieure et antérieure à lui une Puissance transcendante, avec laquelle il passe contrat ou alliance, le récompensant s'il lui obéit, et le punissant dans le cas contraire, il restera dans une position de soumission infantilisante, grosse de toutes les catastrophes dont les événements actuels sont un tragique échantillon.

En effet, plus un être s'abaisse et se sent petit face à un Être qui le dépasse, plus il devient agressif et violent. On le voit bien dans la vie quotidienne. Ce sont les frustrés, les inhibés qui finissent par tourner vers l'extérieur la violence qu'ils ont commencé par s'imposer à eux-mêmes. Plus petit se sent le chien, plus fort il aboie. Qui a peur, fait peur. Qui se fait mal, fait du mal.

Or cette Puissance, c'est l'homme qui la fabrique pour justifier sa peur essentielle devant un monde qu'il croit ne pas pouvoir comprendre par ses propres forces, et pour justifier aussi, corrélée à cette peur, l'espérance de la voir disparaître. Comme les enfants et les primitifs, il projette à l'extérieur de lui-même en les objectivant des états psychologiques qui sont en lui, il se crée des fantômes justifiant ses peurs et la nécessité de les conjurer. Bref il redoute ces dieux, ou ce Dieu, sans se rendre compte qu'ils ne sont que l'alibi de sa propre faiblesse et le reflet des désirs qu'il éprouve d'y voir porter remède, sans comprendre qu'en définitive ils ne viennent que de lui-même. Il a ***peur de son ombre...***

Ce processus est-il fatal ? Ne pourrait-on espérer d'en voir un jour la fin ? Le problème est que de génération en génération, par la force de l'éducation, du conditionnement contraignant et brutal dont l'enfance est victime, le schéma s'intègre dans l'âme et tisse l'essence même de l'être.

Notez aussi que la société s'accommode très bien du « regard de Dieu » posé sur ses membres, et que parfois elle l'exige : il garantit l'ordre social, en retenant d'agir ceux qui pourraient le mettre en péril – mais cela, seuls certains esprits cyniques le voient.

Cette intégration dans notre pensée d'une Transcendance extérieure est devenue si naturelle que ce que j'écris ici semblera bien sûr totalement inadmissible à certains. On ne peut toucher facilement à ce qui fait le fond de la personnalité une fois constituée sur ces bases. C'est toucher à « papa / maman », et beaucoup s'y refusent, car s'ils le faisaient, en eux, pensent-ils plus ou moins consciemment, tout s'écroulerait.

Je ne verrais d'ailleurs aucun inconvénient à les laisser dans une illusion qu'ils peuvent s'imaginer sous certains points consolante, si n'intervenait le lien que j'ai signalé à l'instant, entre sentiment de faiblesse personnelle et violence. Si je ne suis qu'un « avorton » comme dit saint Paul, et s'il y a au-dessus de moi un Dieu « tout-puissant », ou « plus grand que tout » (*Allah Akbar !*), à qui je dois me soumettre, je peux naturellement tourner en agressivité nihiliste ce sentiment de mon propre néant, surtout si je ne le vois pas partagé par d'autres, dont le bonheur et l'équilibre sont une insulte à ma propre frustration.

Il faudrait que l'homme ici fasse une révolution copernicienne, qu'il se rende compte que ce Dieu extérieur à double visage, menaçant et rémunérateur, vient en réalité de lui-même, qu'il est créé par ses angoisses et ses attentes. Il lui faudrait comprendre qu'il cherche pour se guider une lumière qu'il a en réalité dans sa main.

Nous sommes tout au long de nos existences le lieu d'un combat qui se joue en nous, entre les forces de mort et les forces de vie. C'est en nous que nous devons regarder, scruter, examiner les forces en présence, tâcher d'optimiser leur évolution, et ne pas les imputer à Dieu ou à Diable ! Si ces entités ont encore du sens, il n'est que symbolique. Ce ne sont que les protagonistes d'un combat intérieur.

Cette intériorisation de Dieu ou du divin définit la spiritualité, en opposition avec la religion traditionnelle. Elle est le signe d'esprits mûris et lucides. Mais de tout temps les spirituels ont été mal vus par les religieux. Il est plus facile de fonctionner par routine et habitude, de sacraliser les textes religieux, d'obéir à ceux qui surfent sur les peurs distillées par ces textes (qu'ils en soient eux-mêmes les dupes ou bien les cyniques manipulateurs), plutôt que de réfléchir sur le vrai lieu de Dieu ou du divin : les tréfonds mêmes de notre être. C'est à nous-mêmes que nous avons affaire. Dieu ou divin ne sont nulle part ailleurs.

[Novembre-décembre 2015]

Peur de son ombre

Illustrations : Stéphane Pahon (D.R.)

Peurs

Voici une anecdote qui m'est arrivée tout récemment. Je me suis rendu sur l'invitation d'un voisin de quartier, catholique avec lequel j'ai de fréquentes discussions, à une conférence-débat sur la laïcité proposée près de chez moi, à la salle municipale de *, notre petite ville languedocienne, par un jeune prêtre nouvellement nommé ici, d'après ce que j'ai entendu dire. J'y ai vu pérorer depuis l'estrade un homme fort de ses certitudes et de son col romain, et j'ai entendu un tissu de contrevérités et d'inepties, du genre : la laïcité actuelle implique l'athéisme, et empêche les croyants de manifester publiquement leur foi, de peur de passer aux yeux des laïcs pour des « crétins superstitieux ». Il y aurait quatre-vingt pour cents de croyants en France, et ils seraient obligés de raser les murs, opprimés par une laïcité agressive, visage caché de la mécréance, etc. La déchristianisation générale elle-même, que je pense comme bien d'autres être une évidente caractéristique de nos sociétés, a été allègrement passée sous silence. Bref, un tas de sottises, à mon avis très dangereuses, puisque marquant un propos délibéré de récupérer, sur les âmes et les esprits (et pourquoi pas sur les personnes mêmes) un pouvoir dont la nostalgie était évidente. Mais le comble a été l'intervention d'un assistant, qui s'adressant à l'orateur avec beaucoup de révérence a dit qu'il fallait bien contester la laïcité parce que les protestants, minoritaires en France, s'en servaient pour s'en protéger, comme d'un bouclier. Visiblement il était nostalgique d'une nouvelle Saint-Barthélemy ! Alors je suis intervenu, ai dit que ce propos était ignoble, que tout en étant moi-même de formation catholique je me devais de défendre mes amis protestants, et que je n'avais plus rien à faire dans l'assemblée où je me trouvais. Je me suis levé pour partir, et j'allais effectivement le faire quand une rumeur autour de moi, non pas de désapprobation, mais de curiosité bienveillante, m'en a empêché. Je me suis alors rassis, en disant que je restais uniquement par amitié pour le Père *, curé plus ancien en ce lieu, qui se trouvait près de moi. Il me semble que cette réaction lui a fait plaisir.

Dix minutes plus tard, la séance était levée. J'ai fendu les rangs, et ai senti autour de moi non pas de l'hostilité, mais cette même curiosité avenante dont je vous ai parlé. J'ai regagné ma maison en compagnie d'une assistante à la conférence, qui m'a félicité d'être intervenu, et qui a paru soulagée que je l'aie fait. Elle m'a dit que les prêches de ce jeune curé lui laissaient une fâcheuse impression de manipulation, et même, selon ses propres termes, de manipulation politique.

C'est une dame d'un certain âge. Mais quid des jeunes ? J'ai eu l'impression d'une assemblée corsetée par les peurs, et qui n'osait rien dire. Mon voisin lui-même, qui m'a téléphoné le lendemain, m'a dit avoir été « sonné ». Mais personne n'a élevé la voix, sinon moi qui ai explosé. C'est une expérience assez terrifiante. Bien évidemment l'œcuménisme en a pris un coup. Mais surtout pourquoi personne n'est-il intervenu ? Question bien préoccupante...

Y repensant maintenant, je me félicite d'être intervenu moi-même. Il ne faut pas sans doute trop jeter la pierre aux gens silencieux, qu'une réunion publique peut effrayer, et qui n'ont peut-être pas la facilité de prendre la parole comme j'ai l'habitude de le faire, ne serait-ce que professionnellement.

Cependant je pense ici à *Knock*, de Jules Romains, où un médecin assoit tout son pouvoir sur une communauté entière à partir des peurs qu'il parvient à lui inspirer. C'est une allégorie exemplaire d'un pouvoir totalitaire assis sur des peurs. Tous les habitants du canton sur lequel ce calculateur et machiavélique Knock a décidé de régner se mettent au lit, une fois qu'il les a persuadés que tout bien portant est un malade qui s'ignore, et que la santé est un état précaire qui ne présage rien de bon. Cette tactique est radicalement efficace, car chacun a un côté hypochondriaque.

Tant on peut avoir de l'ascendant sur les esprits et les âmes, en cultivant leurs peurs ! Que d'institutions, de dirigeants, surfent ainsi sur les angoisses des hommes, et les détournent à leur profit, pour conforter leur domination ! Les Anciens disaient bien que c'est la crainte qui au début a fait les dieux dans le monde : *Primus in orbe timor fecit deos*. On pourrait dire de ce point de vue que la divinité mandante a passé ensuite le relais à ses mandataires, et que la peur s'est transférée des premiers aux seconds. Dès lors c'est la peur qui a fait les prêtres : *Secundus in orbe timor fecit sacerdotes*. Mais c'est bien de nous-mêmes, de nos appréhensions et de nos alarmes, qu'ils tirent leur pouvoir : Nos prêtres ne sont pas ce qu'un vain peuple pense / Notre crédulité fait toute leur science...

Ne m'accusez pas ici de superficialité, de voltairianisme. Ce phénomène est universel. L'autorité en général est essentiellement affaire de projection mentale. Voyez par exemple les expériences de Stanley Milgram consignées dans son livre *Soumission à l'autorité*, et l'utilisation que Verneuil en a faite dans son film *I comme Icare* (1979). Tous les psychologues vous le diront : la projection que nous faisons d'abord et spontanément (du moins le pensons-nous) sur les êtres et les choses n'a rien à voir avec la perception lucide et mûrie que nous pouvons ensuite en avoir. Elle est induite en nous par l'éducation, le dressage que nous avons subi étant enfants, la force de l'habitude ensuite. Très vite, dans le cas où la projection se nourrit de peurs, une fois le conditionnement initial intériorisé, la menace n'a plus du tout besoin d'être explicite. – Le danger en fait n'est pas dans ce phénomène lui-même, qui est inévitable au moins au début de toute vie, mais dans son utilisation ou sa manipulation par ceux qui s'en emparent et s'en parent, pour maintenir toute leur vie durant leurs assujettis dans l'infantilisation. Pour pasticher Racine : Dans une longue enfance ils les feront vieillir...

Pensez par exemple au chantage aux sacrements que font certains prêtres. Tel divorcé remarié, que ne ferait-il pas pour ne pas être exclu de sa communauté, à quel reniement n'est-il pas prêt ! Vous en connaissez vous-même peut-être des exemples. Quel dommage alors de voir un homme d'âge mûr se comporter encore comme un petit enfant ! Tant que les peurs primitives subsisteront dans l'adulte, il restera tout petit, mais évidemment et par voie de conséquence le pouvoir qui l'aliène en sortira grandi : la victoire du second vient de la défaite du premier.

Vous savez que l'on peut chérir son esclavage : La Boétie l'a bien montré dans son *Discours de la servitude volontaire*. Voyez aussi *Le paysan du Danube*, de La Fontaine : « Rome est par nos forfaits, plus que par ses exploits / L'instrument de notre supplice... » L'esclave, hélas ! peut aimer la main qui le frappe. C'est immémorial, toute l'histoire des hommes l'atteste : « Et le peuple amoureux du fouet abrutissant », dit Baudelaire dans *Le Voyage*. Pourquoi cela ? Soit parce que de cette main on attend gratification, car nous supposons qu'elle peut nous nourrir, comme dans *Le Loup et le Chien* de La Fontaine, ou bien tout simplement parce qu'on la craint : mais en fait on craint moins ce qu'elle peut réellement nous faire que ce que nous *imaginons* qu'elle peut nous faire. Il suffit de lire *Le Château* de Kafka : le Château n'est arrogant et menaçant que lorsque K. en a peur. Si au contraire ce dernier se rebiffe, relève la tête, alors le Château, le pouvoir ou l'emprise de ses fonctionnaires sur K., tout cela recule. Par nos peurs, nos projections accumulées, nous construisons notre propre cage, nous contribuons à notre aliénation. Notre prison a notre angoisse comme fondement.

Épictète le disait bien : ce ne sont pas les choses qui tourmentent les hommes, mais l'idée qu'ils s'en font. Écoutons aussi Sénèque : « « Ce n'est pas parce que les choses sont difficiles que nous n'osons pas, c'est parce que nous n'osons pas que les choses sont difficiles. » À rapprocher de ce que dit Scapin dans *Les Fourberies de Scapin* de Molière : « « Je hais ces âmes pusillanimes qui pour trop prévoir les suites des choses n'osent rien entreprendre. »

Pour éclaircir l'anecdote que j'ai racontée, souvenez-vous du petit poème de Prévert sur les sardines : Sardines protégées par une boîte. /

Boîte protégée par une vitre. / Vitre protégée par la police. / Police protégée par la peur. / Que de protections pour de simples sardines ! – Le prêtre n'a pu tenir son discours si présomptueux que parce qu'il s'est appuyé précisément sur une *présomption* de supériorité liée à sa fonction, et à la transcendance de l'Institution qu'il incarnait.

Aussi peut-être à sa présentation et à sa position purement physiques, reflets symboliques de la position institutionnelle. J'ai parlé d'une estrade où il pérorait : effectivement c'était une mise en scène, un théâtre propre à en imposer. Le col romain déjà impressionnait sans doute. Qu'aurait-il été sans lui ? Un président de la République a bien perdu toute son aura quand on l'a découvert en pyjama sur une voie ferrée, étant inopinément et nocturnement tombé du train officiel : Paul Deschanel, en 1920. Aussi ce prêtre, je l'ai vu en contre-plongée, de façon flatteuse, embellissante ou hyperbolique. Tel toujours le prédicateur du haut de la chaire : *ex cathedra*. Mais si je l'avais vu normalement, ou alors en plongée, dans une vision rapetissante ou dépréciative, tout son discours en eût été déprécié. Dans le film *Le Cercle des poètes disparus* (Peter Weir, 1989), le professeur Kitting invite ses élèves à monter sur les tables, pour les accoutumer au relativisme, au perspectivisme des visions. Salutaire conseil…

Je préviens ici votre objection : c'est là assurément un conseil qu'on n'a plus besoin de donner aujourd'hui aux élèves de maints de nos collèges, qui montent tout seuls sur les tables ! Cela montre tout simplement que la désacralisation peut avoir aussi ses dangers, qu'il ne faut peut-être pas la pratiquer trop tôt dans la vie. Mais arrivés à un certain âge, il est temps de déconstruire pareil phénomène et pareil processus, et si on veut continuer à projeter, ce qui est peut-être dans certains cas inévitable, qu'au moins on le fasse lucidement et volontairement, avec la conscience qu'on le fait.

Vous pouvez voir une incarnation du processus et de la situation que je viens de décrire dans l'illustration ci-contre. C'est une photographie que j'ai faite d'un fragment du portail de l'église Saint-Trophime, à Arles. On peut y voir un homme étendu, griffé, mordu et en passe d'être englouti par un animal monstrueux, qui pourrait n'être que sa propre peur. Mais cette bête pourrait être mise en rapport avec le personnage debout, rigide, qui la surplombe, vu ici en contre-plongée, de façon hyperbolique, lequel pourrait figurer toutes les Institutions qui nous dominent et nous aliènent par l'influence et le prestige dont nous les parons. Un psychanalyste parlerait du *moi* dévoré par le *ça*, toute la scène étant dominée par le *surmoi*. Mais n'oubliez pas que cette dévoration du moi peut se produire aussi quand le sur-surmoi ou idéal du moi que l'on a intériorisé (le personnage debout) est trop fort en nous, en importance et en présence. Il arrive que ce qui s'oppose en apparence coopère en fait, et qui veut faire l'ange fait la bête...

Je viens de rêver sans doute sur ce portail. Aussi il est l'image d'une certaine époque : le Moyen-âge où les peurs étaient grandes. Mais enfin, puisque j'ai parlé en commençant d'un « corset de peurs », songez que tout l'évangile à l'origine récuse la peur : « N'ayez pas peur », dit Jésus (Matthieu 14/27 et 17/7 ; Marc 6/50 ; Jean 6/20). De ce point de vue ce Jésus-là récuse une Église qui assoit son pouvoir sur la peur, et qui donc manifestement lui tourne le dos.

[Janvier-février 2008]

Schizophrénies religieuses

Belle soirée de réflexion, en formation biblique, avec des amis catholiques. Nous avons parlé du Credo, de ces « paroles d'autrefois auxquelles il faut donner un sens d'aujourd'hui », selon ce qu'a dit le diacre. Et, ô miracle ! mon livre là-dessus (*Les Deux visages de Dieu, Une lecture agnostique du Credo*, Albin Michel, 2001), n'a pas été éreinté. Le mot même d'*agnostique*, qui a fait fuir, m'a-t-on dit, tant de prêtres, n'a pas choqué. Certains donc ont été plus loin que l'intitulé de la couverture, et l'ont lu, parfois annoté. Je me prends même à rêver. Et si Dieu écrivait droit avec des lignes courbes ? – On se reverra, n'est-ce pas ? D'accord.

Voici qui est fait. Il s'agit cette fois d'une célébration. Je suis plein de mansuétude. Et si je pouvais retrouver, là enfin, quelque occasion de réconciliation ?

Catastrophe. « Seigneur, prends pitié… » *Kyrie eleison… Kyrielle* éternelle de plaintifs et d'apeurés. Cette vieille antienne, je la connais trop bien. À quoi bon s'ouvrir au dialogue, envisager ensemble que le péché, par exemple, ne peut être qu'une erreur de conduite, quelque chose comme une fausse manœuvre, si c'est pour asséner d'emblée une culpabilisation essentielle : l'affirmation dogmatique d'un être humain né pécheur, implorant la mansuétude d'un Dieu dont il redoute la colère, même s'il en espère le pardon. Je regarde à mes côtés : ils sont pourtant bien là, les mêmes que j'ai côtoyés, et le diacre, et les amis divers, y compris ce voisin qui m'a invité, avec qui je me sentais en harmonie possible. Mais maintenant, à répéter machinalement des mantras à mon avis ineptes, ils s'éloignent de moi à une vitesse vertigineuse. Tant pis. Je les laisse à leur contradiction.

Me voici maintenant invité à un colloque protestant libéral. Les voici, mes nouveaux amis, si ouverts. Eux qui m'ont chaleureusement accueilli quand mes anciens coreligionnaires me repoussaient. Et merveille : les conférences sont d'une tolérance extrême. Tout peut s'y dire, y compris qu'il faut se méfier des anciens mots, connotés fâcheusement. J'y fais même une remarque sur la grâce et ses dangers : ceux qui guettaient les *Nécessariens*, ou pécheurs justifiés. Bénéficiant définitivement de la grâce, ils pensaient pouvoir tout se permettre dans leurs actions, et on imagine la suite... Je rappelle alors que dans mon *Petit lexique des hérésies* (Albin Michel, 2005), j'ai indiqué que la théologie de la grâce toute-puissante me semblait livrer l'homme au caprice et à l'arbitraire, à l'incompréhensible d'une Loterie. À une rumeur sourde de l'assistance, je sens bien que j'ai touché un point sensible. Mais personne n'objecte quoi que ce soit. Qu'elle est belle, cette liberté d'esprit ! Celle-là même de ceux que j'ai défendus dans mon *Lexique*, celle des *Latitudinaires*. Enfin me voici en parfaite communion...

Le lendemain, dimanche matin, culte. Patatras et catastrophe ! D'emblée nous sommes reconvoqués à reconnaître que nous sommes pécheurs, mais que, heureusement, la grâce nous sauve. Rien ne semble plus remis en question. Tout va de soi. Paul peut régner et trôner à nouveau. Les vieux cantiques confortent la vieille idée. Je songe maintenant à ces recueils de prières qu'on voit encore, même dans les communautés les plus libérales : ils oscillent entre la niaiserie kitsch et la théologie barbare du rachat et du salut par la croix. Pour celle-ci on oublie bien Socin par exemple, qui disait que si Dieu a été payé du sacrifice de son Fils, il n'a pas pardonné : pardonner exige qu'on annule une dette, qu'on efface l'ardoise, pas qu'on recouvre sa créance...

Comment donc peut-on être à la fois la veille conférencier ou théologien ouvert, et le lendemain ministre d'un culte dont le contenu n'a pas changé d'un iota ? Que dire, sinon qu'il y a là dédoublement de personnalité, schizophrénie ? Et que dire, si un paroissien, une paroissienne, font remarquer qu'on ne peut avoir un pied ici, et l'autre là, faire un si grand écart ? Cela s'est vu, d'ailleurs, l'après-midi même terminant ce colloque. Mais à cela il n'y a pas de réponse : la question suffit.

Cette disposition mentale schizoïde est-elle inévitable ? On pourrait penser que, tout en ayant fait soi-même un chemin, on peut ne pas vouloir froisser les autres, qui eux ne l'ont pas encore fait. Hypothèse haute donc, diplomatie, avec attente secrète tout de même que le changement espéré se fasse un jour dans les esprits. Ce serait là une précaution. Le ministre n'oserait pas la nouveauté, par peur de choquer les habitudes des paroissiens. Mais si ces derniers faisaient de même, s'ils n'osaient pas dire à leur ministre qu'ils ne croient plus à la totalité littérale de ce qu'il leur dit ? Double malentendu donc, qui peut perdurer indéfiniment. Qui osera faire le premier pas ?

On peut aussi invoquer ici la routine, l'habitude qui selon le mot de Proust nous prend dans ses bras comme un petit enfant, pour nous rassurer devant l'inconnu. La paresse naturelle aussi de l'esprit à penser toujours du nouveau. Ou même, si l'on n'est pas soi-même intellectuellement paresseux, on peut se contenter de penser personnellement quand on est tout seul, tandis que dans sa fonction ou profession on continue de fonctionner mécaniquement devant les autres, pour s'éviter des efforts d'adaptation.

Schizophrénies religieuses

Mais je peux faire ici une hypothèse basse, celle d'une hypocrisie : on s'autorise de penser par soi-même en solitude et en petit comité, mais en communauté on s'insère dans le discours d'une Institution dont on ne veut pas se couper. Quelle qu'elle soit, on sait que l'Institution n'admet pas l'émancipation personnelle de l'esprit. C'est pourquoi on ménage, comme on dit, la chèvre et le chou. On essaie de tout garder...

Je me dis alors que la principale cause d'un tel clivage, d'une telle scission au sein du même être, pourrait bien être la peur. Le ministre du culte craint son supérieur, le curé son évêque (littéralement le surveillant, celui qui a l'œil sur nous : *episkopos*), le pasteur son conseil presbytéral, son consistoire. Voilà pourquoi en public ils ne veulent pas s'exposer à des réprimandes, pourquoi pas à des sanctions... Sur cette cascade de peurs je renvoie au chapitre *Peurs* du présent livre. Il n'est pas sûr d'ailleurs qu'elles soient toujours réellement fondées, mais elles sont faites essentiellement de projections mentales. De nos maîtres ou supérieurs que nous craignons, La Boétie dit bien dans son *Discours sur la servitude volontaire* : « Ils ne sont grands que parce que nous sommes à genoux. »

On invoquera peut-être aussi simplement la peur du « Qu'en dira-t-on ? » Intégrée en nous, elle nous paralyse. Elle est très souvent développée par l'éducation : combien de parents corrigent leur enfant « devant tout le monde », pour l'humilier ! L'enfer, c'est moins les autres, comme on l'a dit, que ce que nous nous figurons de leur regard posé sur nous. Tyrannie obsessionnelle du regard de l'autre, qu'on s'imagine toujours nous fixant, et qui fait qu'on se renie soi-même, on adopte une fausse personnalité, on se dédouble pour l'éviter. Paranoïa en fait dans le premier cas, car autrui en réalité peut très bien ne pas se soucier de nous ou simplement penser à nous, et schizophrénie comme résultat dans le second. On voit ici qu'on passe très facilement de la première à la seconde…

Il me semble d'ailleurs qu'on peut définir la pression du groupe sur l'individu, et son intégration dans l'esprit en tant que projection, comme la caractéristique et la composante essentielles du *fascisme*. « On n'a jamais raison contre tout le monde » est une maxime essentiellement fasciste. En réalité on peut très bien avoir raison contre tout le monde, et il n'y a pas (ou il ne devrait pas y avoir) de plus grande volupté que de passer pour un crétin aux yeux d'un imbécile. Je repense à ce mot de Sacha Guitry : « Si les gens qui disent du mal de moi savaient ce que je pense d'eux, ils en diraient bien davantage. » De ce point de vue, la comédie moliéresque qui prend le parti de l'opinion commune biaisante contre le marginal sincère, Philinte contre Alceste, est essentiellement fascinante. Ici, au rebours de ce qu'on croit, l'union ne fait pas la force, mais la faiblesse.

Ces « schizophrènes »-là en tout cas sont la plupart du temps des souffrants : ils sont à plaindre, et à réveiller. Il faut leur ouvrir les yeux, leur montrer leur porte-à-faux, leur faire voir qu'ils redoutent très souvent des fantômes, que leurs peurs ne sont pas fondées. Spirituellement aussi, il faut les arracher à leur égocentrisme infantile pour les ouvrir au vaste monde, convertir leur regard vers l'infini des scénarios et des postures possibles dans la vie, les faire passer, en termes jungiens du moi au Soi, et en termes évangéliques, de la paranoïa à la *metanoïa* (conversion, changement de regard).

Mais ce dédoublement de personnalité que je viens de relever n'est pas une situation toujours subie, avec plus ou moins de conscience et de souffrance. Il peut signifier une imposture délibérément choisie. Certains s'y installent volontiers, et considèrent ce masque qu'ils empruntent en public, cette personnalité factice (latin *persona* : masque de l'acteur au théâtre), comme faisant partie d'un grand jeu qu'il serait vain et même dangereux de vouloir supprimer : en Église ce masque peut servir à encadrer et à diriger, quand ce n'est pas manipuler, via la catéchèse par exemple. Certains le voient comme de toute façon nécessaire et utile à la masse, qui s'en trouve confortablement gouvernée et dispensée de réfléchir et d'agir par elle-même.

C'est la position du Grand Inquisiteur dans *Les Frères Karamazov* de Dostoïevski. L'Église a pris sur elle le fardeau de la réflexion personnelle et du doute, mais elle en a dispensé le peuple fidèle, pour son propre bien. Il y a évidemment beaucoup de machiavélisme là-dedans. Ainsi peut-on voir les dignitaires se dédoubler volontairement : en privé ils peuvent être agnostiques ou athées, mais publiquement, grâce au masque qu'ils portent et la tradition qu'ils incarnent, ils gouvernent la masse, le troupeau, et le soulagent et délivrent ainsi du fardeau de la liberté de penser, et même de la liberté tout court. Jésus reviendrait-il sur la terre, qu'ils le crucifieraient à nouveau, comme coupable d'avoir instillé au cœur du peuple le venin de l'indépendance et de la responsabilité, ainsi qu'il se voit par exemple dans l'épisode évangélique de sa tentation au désert. Telle est la sentence que prononce à nouveau, lorsque Jésus réapparaît devant lui, le Grand Inquisiteur dostoïevskien.

Ici les masques tombent complètement. On connaît à cet égard la phrase fameuse attribuée au pape Léon X en réponse au cardinal Pietro Bembo : *Quantum nobis nostrisque ea de Christo fabula profuerit, satis est omnibus saeculis notum* – « Combien cette fable au sujet du Christ nous a été utile ainsi qu'aux nôtres, c'est une chose suffisamment connue de tout temps. »

Mais sans doute est-ce là une vision *pastorale* des choses, qui s'oppose toujours en Église, au fond, à la réflexion théologique : de cette dernière on pense, de toute façon, que le peuple n'a aucun besoin. Nous savons mieux que toi ce qui est bon pour toi, fie-toi à nous, repose-toi sur nous. Nous pensons pour toi, et au fond tu n'as pas besoin de penser toi-même. Penser fait si mal…

Les ouailles, ne l'oubliez pas, sont littéralement les petites brebis (bas latin *ovicula, de ovis*, brebis). Le mot « pastorale » implique pour les fidèles grégarité, troupeau (latin *grex*). Et le propre du mouton est le mimétisme, le conformisme : chacun sait qu'il est pour cela « le plus inepte animal du monde », comme dit Rabelais dans son célèbre épisode des moutons de Panurge.

À la fin du *Procès* de Kafka, au terme de la fameuse controverse théologique dans la cathédrale, qui est une version moderne du *pilpoul* juif (controverse rabbinique), l'abbé dit à K. à propos du langage normatif du gardien de la Loi : « On n'est pas obligé de croire tout ce qu'il dit, il suffit qu'on le tienne pour nécessaire. » Mais K. répond : « Triste opinion, elle élèverait le mensonge à la hauteur d'une règle du monde. »

Schizophrénies religieuses

Je suis assez de son avis. À supposer même que mensonge et hypocrisie (grec *hypocritès* : acteur), ce jeu de masques, ce dédoublement, ce grand écart, etc. soient socialement nécessaires, ou même utiles, il n'est pas sûr qu'ils soient fondés : je veux dire donateurs de dignité. L'intelligence, c'est la destruction de la comédie.

[Juillet-août 2007]

La religion-lien

Acheter Dieu ?

Montpellier, église Saint-Roch

Je me promenais l'autre jour en l'église Saint-Roch, à Montpellier, lorsque mon attention fut attirée par tout un pan de mur recouvert d'une multitude d'ex-voto, véritable iconostase d'inscriptions avec, en fond, un reliquaire contenant la statue du saint sous forme de gisant. Je notai aussi la présence, au milieu de toutes ces plaques affichées, de troncs dont les ouvertures ressemblaient à celles de boîtes aux lettres, destinés évidemment à recevoir les offrandes des fidèles qui accompagnaient ainsi les marques visibles de leur reconnaissance. D'abord je pensai au côté bien intéressé et bien matérialiste d'une

Acheter Dieu ?

réaction consistant de la sorte à monnayer la gratitude, et aussi à la position bien enviable apparemment des bénéficiaires de telles offrandes. Je pensai aussi à ces cierges qui brûlaient devant les plaques, et qu'on invitait les visiteurs à acheter. Puis je me dis qu'en aucune matière la seule polémique ne fait avancer les choses, que l'agressivité n'est pas toujours bonne conseillère, et je mis à réfléchir sur le fondement réel de tels usages.

Par-delà le fait qu'on s'adresse ici à un saint, ce qui est propre à l'église catholique, puisqu'on sait bien que pour les protestants il vaut mieux s'adresser directement à Dieu plutôt qu'à ses intermédiaires ou médiateurs, il me semble que l'important est la forme religieuse en général qu'implique cette attitude, faite d'abord de demande, et puis de remerciement.

Elle me paraît être la suivante : dans le cas de Dieu, qui est le seul qui va m'intéresser ici (je laisse saint Roch où il est), on s'adresse à une puissance extérieure et antérieure à soi, avec laquelle on négocie. Elle est conçue comme transcendante au monde et à ses règles ordinaires, créatrice omnipotente, ainsi que le dit notre Credo en son début. Notez que comme on s'adresse effectivement à cette puissance, elle est évidemment conçue comme une personne, puisqu'on dialogue avec elle malgré l'abîme infini qui nous sépare d'elle. À elle donc on se relie, et avec elle on passe contrat, comme par exemple Moïse le fit, nous dit-on, sur le Sinaï. Je renvoie donc ici le mot de religion, qui vient du latin *religio*, à *religare*, relier : c'est ce qu'ont fait les auteurs chrétiens, comme Lactance et Tertullien. Comme celle d'obligation, l'idée d'alliance aussi vient de ce mot *ligare*, lier (*adligatio*). Elle est connue, on le sait, des juifs (première alliance), et des chrétiens (seconde alliance).

De quelle nature donc est ce contrat dont il est ici question ? Il est comme disent les juristes, *synallagmatique*, c'est-à-dire qu'il est basé sur un échange (en grec *allagè*) qui met ensemble en les unissant (en grec *sun*) les deux parties. On échange son obéissance contre une protection ou une gratification quelconque. Et à l'inverse, si on désobéit on est puni, car on n'a pas respecté le contrat. Rien de plus intéressé que cela, dans le fond. C'est une attitude basée sur un donnant-donnant, un *do ut des* (je te donne pour que tu me donnes). L'obéissance y est un intérêt bien compris. La soumission même est conditionnelle : « J'irai à Lourdes *si* je guéris », ou « à Saint-Jacques *pour* mon salut », etc.

De là vient que pour la majorité des croyants les prières sont des demandes : on parlait naguère en milieu catholique chez nous de *rogations*, du latin *rogare*, demander. Ainsi on demandait que vienne la pluie en période de sécheresse. Mon vieux missel latin parle de processions pour faire venir la pluie (*ad petendam pluviam*). On pourrait tout aussi bien demander que cesse la pluie, en période d'inondation. Ce même missel, que je fréquente bien souvent sans en être jamais déçu, comporte aussi bien des formules d'exorcisme et de pétition pour prémunir contre divers fléaux, par exemple contre les animaux nuisibles : rats infectant les maisons, insectes ravageurs des récoltes, etc., en oubliant que dès la Genèse Dieu bénit tous les animaux vivants sans exception, et les invite à croître et multiplier (1/22).

Corrélée à cette attitude demandeuse est l'idée que ce qui nous frappe est dû à une faute de notre part, selon la vieille et selon moi très barbare théologie de la rétribution, que Job a bien tenté de contester en son temps, mais pour à la fin abandonner son attitude récriminante, s'inclinant devant la majesté superlative du Créateur à lui apparue. Il suffit donc d'essayer de le fléchir par des demandes, des protestations de fidélité, et des promesses ou engagements pour le futur : donc de le soudoyer ou de l'acheter. On fait rappel et vœu d'obéissance, et une fois exaucé on remercie, fidèle au vœu que l'on a fait : c'est le sens de l'*ex-voto* (d'après un vœu). Littré précise à cet égard : « La formule latine entière est *ex voto suscepto*, d'après un vœu par lequel on s'est engagé. On la trouve dans les inscriptions sous cette forme : E. V. S. » Et il ajoute assez malignement

Acheter Dieu ?

une citation de Sévigné : « Il n'y a pas beaucoup d'ex-voto pour les naufrages de la Loire »…

Dans le fond, il s'agit de donner sens au hasard. Qu'un marin réchappé d'un naufrage offre en hommage son ancien habit, ou qu'un paralysé guéri accroche ses béquilles, en ex-voto, dans une chapelle, et voici de l'espoir donné à tous les autres. En soi cette attitude est évidemment très humaine, et en tant que telle très compréhensible. Mais elle ne doit pas il me semble dispenser de réfléchir sur le fond. Il s'agit de faire toujours que ce qui arrive ait un sens pour nous. Mais à y bien regarder on voit que lire une quelconque finalité dans la nature ne fait que renvoyer, simplement, à notre désir. Ce qu'on appelle cause finale, dit Spinoza dans l'*Éthique*, n'est rien d'autre que le désir humain en tant qu'il est considéré comme cause de quelque chose. Le sens n'est que le désir de sens. Mais bien sûr nous avons toujours ce désir de sens chevillé au corps…

Relativement à cette puissance que nous appelons Dieu, nous voulons nous la lier à nous, un peu comme ces juifs pieux qui s'enveloppent ou s'emmaillotent de ces bandelettes ou *tephilim* qui les corsètent comme des momies (voyez le début du film d'Amos Gitai, *Kadosh*). Nous voulons qu'il nous vienne en aide. Mais en cela, si on raisonne un peu, on voit que cette conception d'abord détruit la perfection de Dieu, car si Dieu agit pour une fin, selon ce que dit encore Spinoza, nécessairement il désire quelque chose dont il est privé. D'autre part, on en a une vision anthropomorphique, on lui prête des sentiments humains, et en particulier un des moins nobles des sentiments humains, un incessant désir d'être loué et remercié pour les gratifications dont il nous comble. Et à suivre cette idée, si Dieu éprouve un tel sentiment, il n'y a pas de raison qu'il n'en éprouve pas d'autres aussi, dont par exemple du mépris pour des créatures si viles qu'elles passent leur temps à s'humilier de la sorte devant lui. À l'absurdité de l'anthropomorphisme s'unit ici l'inconséquence de la conception qu'on se fait de Dieu.

Toujours dans l'idée du contrat dont je suis parti, on sait qu'un contrat fonctionne de sorte qu'un manquement lèse une des deux parties contractantes. Il faudrait donc dire que Dieu, s'il ne rencontre pas la gratitude de sa créature, est lésé en quelque façon par ce manquement ou cet oubli : et par voie de conséquence, que, créant l'homme, il a pensé, comme on dit, faire une affaire. « Ô vanité, cause première... », disait Valéry.

Il est significatif que la prière chrétienne du Notre Père, celle que le Seigneur Jésus adresse à ses disciples (appelée pour cela prière du Seigneur ou oraison dominicale) précise bien en son contexte qu'il ne faut pas prier Dieu « comme les païens », dont les prières sont toujours des demandes : « Dieu votre Père sait ce dont vous avez besoin avant que vous le lui demandiez. » (Matthieu 6/8) Et le Notre Père contient bien le refus de toute demande personnelle : « Que ta volonté soit faite ! » (ibid., 6/10)

Feraient bien de méditer tout cela tous les orants du monde qui lui substituent volontiers un « Que *ma* volonté soit faite ! » L'attitude de base ici est au contraire celle d'un *Fiat !*, analogue à celle de Marie lors de la salutation angélique : « Qu'il me soit fait selon ta parole ! » (Luc 1/38) Les Beatles l'ont reprise dans leur célèbre chanson *Let it be !*, qui fait expressément allusion à cet épisode évangélique. Il est dommage à mon sens que malgré cela le Notre Père comporte tout de même des demandes, qui maintiennent l'idée d'un Dieu extérieur et transcendant : « Sanctifié soit ton nom », etc. Jésus se maintient ici dans le cadre juif traditionnel, qui relève de ce que le théologien américain John Shelby Spong appelle le *théisme*.

Il est vrai aussi que son humanité l'a amené selon les textes, lors de l'agonie aux Oliviers, à incarner l'opposition entre la volonté de l'homme et celle de Dieu : « Que ta volonté soit faite, et non la mienne » (Luc 22/42). D'où les discussions théologiques futures sur le *monothélisme* : y a-t-il eu en lui dualité ou unité de volonté avec son Père ? Certes ces hésitations sur la personne du Christ, à qui on a ensuite, au Concile de Chalcédoine, attribué une double nature (entièrement homme et entièrement Dieu) renforcent le dramatique de la situation ici, mais n'éclairent guère sur les difficultés qu'il y a à maintenir l'idée d'un Dieu transcendant.

Une dernière caractéristique de la religion conçue comme lien est qu'elle permet aussi de relier les hommes entre eux. À côté de la Transcendance verticale (le lien entre le croyant et Dieu), il y en a une horizontale : le rôle de la religion-lien est alors de lier et homogénéiser les sociétés. Mais cet argument, peut-être justificatif aux yeux du sociologue, n'est pas sans poser de problèmes. Car la vision peut aller du simple *In God we trust*, visible sur le dollar états-unien, au sinistre *Gott mit uns !*, des nazis. En fait je ne suis pas sûr que dans l'histoire des sociétés le recours à un dieu vu comme protecteur du groupe ait toujours des conséquences bénéfiques, au regard de la simple humanité.

En fait, un autre sens et une autre étymologie sont possibles au mot religion : on peut rattacher *religio*, après le grand Cicéron, à *relegere*, accueillir respectueusement, et aussi relire en soi les scénarios de sa vie (par la méditation intériorisée des textes importants, comme les paraboles par exemple). Cette deuxième perspective me semble bien plus intéressante que celle de la religion conçue comme lien ou liaison. D'abord elle est

Acheter Dieu ?

plus mature, elle implique un effort de la part du fidèle, qui au contraire reste infantilisé dans la première vision, puisqu'il attend tout passivement de l'extérieur. Comme le dit le proverbe : « Aide-toi, et le ciel t'aidera. » Ce n'est pas pour rien que mon cher évangile selon Thomas insiste toujours sur la nécessité pour le disciple à faire effort en lui-même, à chercher constamment pour atteindre le vrai.

Accueillir les choses, les recueillir en soi, c'est le propre d'une attitude authentiquement pieuse, elle est faite de constat lucide de ce qu'elles sont objectivement, débarrassées de toute projection, faite aussi de désintéressement, de doute profond vis-à-vis de notre capacité réelle à les changer. Heidegger, dans *Le Principe de raison*, montre que le réflexe, cher à l'Occidental, qui consiste à vouloir rendre compte des choses, s'oppose à l'accueil inconditionnel des choses, qui est les accepter, quelles qu'elles soient, dans leur surgissement inouï, surprenant et magique. C'est cette attitude d'accueil qui est seule impliquée dans le sens premier du grec *legein*, et du latin *legere*.

Seuls les mystiques ou les poètes chez nous ont touché ces domaines. « La rose est sans pourquoi », dit Angelus Silesius (que commente précisément Heidegger). Il suffit donc de voir ce qui est, ne pas le vouloir autre, et voir dans ce que nous voyons devant nos yeux un signe de la profusion diaprée et inépuisable de la Vie. À cela sert l'attention, objective et impartiale, donnée aux choses et aux événements, attention dont on ne fera jamais assez l'éloge. Et c'est en quoi l'accueil est plus pieux et au fond plus fécond que la demande : la vie prend et donne, c'est ainsi. Et elle ne prend jamais sans donner (autre chose). Demander est vouloir puérilement l'infléchir ou la changer.

Au fond la vraie prière devrait être toujours de remerciement ou eucharistique, au sens initial de ce mot en grec. Et la méditation où elle devrait nous conduire nous accoutumerait à ne plus faire grand cas de notre petit moi, de notre ego, et nous pousserait à mesurer l'ampleur incommensurable de la Vie qui nous englobe et nous dépasse. « Les vagues appartiennent à l'océan, mais l'océan n'appartient pas aux vagues », dit le métaphysicien hindouiste Shankara. Le centre de l'être est ce point nodal, et ce moment ou mouvement (c'est le même mot) où essentiellement le moi perd toute centralité, pour se fondre dans plus grand que lui, dans ce que Jung appelait le Soi. À la paranoïa des demandes il faut donc opposer la metanoïa de la conversion, telle que par exemple Jean l'a formalisée : « Si le grain de blé qui est tombé en terre ne meurt, il reste seul ; mais, s'il meurt, il porte beaucoup de fruit. » (12/24)

Bien sûr il faut prendre ici « mourir » au sens symbolique, au sens ou Goethe disait : « Meurs et deviens ! ». Le prendre au sens littéral serait catastrophique, puisque l'on irait de l'éloge du martyr innocent à celui du fou de Dieu ou du terroriste kamikaze.

Bossuet reprochait en son temps aux Quiétistes, dont Madame Guyon, un « désintéressement outré » : pourquoi, disait-il, ne demandent-ils rien « pour eux », dans leurs prières ? C'est qu'il n'avait rien compris à l'attitude d'abandon impliquée dans cet esprit. On pourra objecter qu'une telle attitude conduit à la passivité, ou au fatalisme. On peut alors répondre que certes on peut agir, mais en ayant toujours à l'idée que les résultats de nos actions ne sont pas maîtrisables par nous. Un second proverbe complète à mon sens celui que j'ai cité : « Fais ce que dois, advienne que pourra. »

Bref, l'iconostase des ex-voto de Saint Roch m'a appris ceci, et sans doute bien malgré elle : elle fait miroiter aux gens l'idée bien souvent fallacieuse et dangereuse que les choses pourraient être autres qu'elles ne sont, que l'essentiel est à chercher ailleurs et hors d'eux-mêmes. Et en cela elle les détourne de l'essentiel, du retour à eux-mêmes, je veux dire à leur être profond, retour qui doit toujours élargir leur perception et leur vision à une autre instance que celle de leur petit moi. Elle les détourne aussi de l'accueil de ce qui toujours leur est donné dans ce qui leur arrive, s'ils savent le voir. « Connais ce qui est devant ton visage, et tout te sera dévoilé. » Ce logion de Jésus, rapporté par Clément d'Alexandrie dans ses *Stromates*, est aussi le fil rouge de tout l'évangile selon Thomas. Et si cette nouvelle vision de l'attitude religieuse (mieux vaudrait dire ici *spirituelle*) est forcément encore extrêmement minoritaire, elle n'est pas me semble-t-il sans intérêt et sans fécondité.

[Septembre-octobre 2008]

La Foi aveugle ?

Les migrations estivales m'ont entraîné ce mois d'août à Font-Romeu, dans les Pyrénées Orientales. Un peu au-dessus de cette station de montagne se trouve un Ermitage, célèbre par son retable baroque réalisé au début du 18e siècle par Joseph Sunyer. Le visitant j'y ai remarqué, à gauche, une statue allégorique tenant d'une main la croix, de l'autre un calice, avec un bandeau sur les yeux, et figurant la Foi. Évidemment le bandeau signifiait que la foi chrétienne doit être aveugle. M'arrachant au farniente habituel du touriste, je me suis mis à méditer sur ce symbole, et j'espère que les lecteurs de *Golias Magazine* me sauront gré de cet acte de courage.

Donc il faut croire aveuglément. Non pas dire par exemple : « Comprends d'abord pour croire ensuite » (*intellige ut credas*), mais au contraire : « Crois d'abord pour comprendre – peut-être à la fin... » (*crede ut intelligas*). Le bandeau sur les yeux, qui ailleurs pourra être l'apanage de la synagogue (elle n'a pas reçu le message chrétien), signifie ici cela : on ne croit vraiment que si on ferme les yeux, si on fait le sacrifice de l'intelligence (*sacrificium intellectus*), ou bien, ce qui revient au même, si on admet le mystère de la foi. *Mysterium fidei* est une formule essentielle de la consécration dans la messe latine.

Mais à quoi faut il croire ? Aux deux attributs brandis par la statue : à la croix, et au calice.

De la croix coule le Précieux Sang du Christ, jusque dans le calice, qui le recueille et va le distribuer à son tour aux fidèles. Ce dernier figure donc l'eucharistie dans sa modalité catholique. On sait qu'à la messe, une fois dites les paroles rituelles de la consécration, le pain (l'hostie) se transforme effectivement en corps du Christ, et le vin en son sang. C'est ce qu'on appelle la *transsubstantiation*, le changement définitif et irréversible de substance, à quoi les protestants ne croient pas. Pour les luthériens, il y a sur l'autel à la fois pain et vin, et corps et sang du Sauveur : c'est la *consubstantiation*. Pour les réformés calvinistes, ce ne sont là que de purs symboles, de simples façons de parler. À suivre notre image, il faut croire yeux fermés à la magie de ce changement (notez qu'*image* est l'anagramme de *magie*). L'Église a appelé *sacramentaires* tous ceux qui professaient des doctrines erronées touchant l'Eucharistie. Et les protestants ont appelé les catholiques *théophages* (mangeurs de Dieu). Le retable a donc ici une portée polémique antiprotestante.

Tout cela nous semble normal, bien balisé. Nous ne voyons pas d'autres possibles que cette dichotomie connue depuis longtemps. Et pourtant...

C'est à Paul que nous devons le thème de la croix salvatrice, et l'institution de l'eucharistie. Les deux thèmes étroitement complémentaires se trouvent dans la première épître aux Corinthiens. Voici le premier : « Car la prédication de la croix est une folie pour ceux qui périssent ; mais pour nous qui sommes sauvés, elle est une puissance de Dieu. » (1/18) Et pour le second : « Toutes les fois que vous mangez ce pain et que vous buvez cette coupe, vous annoncez la mort du Seigneur, jusqu'à ce qu'il vienne. » (11/26) Évidemment pour Paul la mort du Seigneur n'est pas le dernier mot, puisqu'il est ressuscité et qu'il va revenir :

c'est ce qu'on appelle sa parousie. Néanmoins on voit très bien le lien entre la croix, d'où a coulé le sang du Sauveur, et le calice, où il coule maintenant de façon répétitive, toutes les fois où on le fait couler lors de la messe en prononçant les paroles sacramentelles.

Mais ces deux thèmes ont été discutés, et sont effectivement discutables. Objectivement la croix peut être vue comme un échec, celui d'un enseignement, d'une parole qui ont été refusés. Jésus est mort parce qu'il n'a pu convaincre. Mais sa mort d'abord insupportable à ses disciples a pu être ensuite euphémisée en mort salvatrice, pour en supprimer le caractère intolérable, par une transformation consolatrice. Paul est l'artisan majeur de cette transformation, qui lui était sans doute d'autant plus facile qu'il n'a pas lui-même connu *en chair* celui dont il parlait, et dont par conséquent la personnalité réelle lui résistait moins. Il a créé le mythe chrétien qui est devenu majoritaire, celui d'un Sauveur mis à mort pour les péchés des hommes, et ensuite ressuscité. Ce mythe perdure même encore en certains milieux protestants traditionnels. Cette transformation paulinienne s'est faite par relecture midrashique du chapitre 53 d'Isaïe concernant le « Serviteur souffrant », et aussi par influence des mystères païens où un dieu meurt et ressuscite pour le salut de ses fidèles.

La Foi aveugle

D'autres options étaient possibles pourtant, qui pouvaient aboutir à ce que Faust Socin, un protestant non-conformiste, a appelé de ses vœux : un christianisme sans sacrifice. D'abord l'option docète, selon laquelle Jésus ne fut crucifié qu'en apparence, et qu'on retrouvera dans la christologie du Coran. Ensuite l'option gnostique, qui est loin d'être la plus sotte. On en trouvera l'expression dans ce que dit l'évangile de Philippe : « Ceux qui disent que Jésus est mort puis ressuscité se trompent. En vérité, il est d'abord ressuscité, puis il est mort. » Contre l'option paulinienne d'une mort salvatrice suivie d'une résurrection miraculeuse, ce texte parle d'abord d'une résurrection symbolique possible dès cette vie-ci : c'est un sursaut, un redressement ou une résilience de nature *spirituelle*, suivis par une mort qui dès lors ne peut être que banale, et qu'il n'y a pas lieu de célébrer comme exceptionnelle, puisque étant le sort commun.

Ce scénario se comprend mieux intellectuellement il me semble. Alors qu'il faut bien s'aveugler au contraire, se mettre le fameux bandeau sur les yeux, pour croire en la version devenue majoritaire d'une mort sacrificielle expiatoire et salvatrice, qui renvoie à des usages si archaïques et si sanglants qu'on ne comprend pas qu'il faille en faire mémoire, en catholicisme, à chaque messe : pourquoi les dire définitivement abolis, si sans fin on les perpétue en les mimant ! Et il faut ensuite avoir vraiment bien peur de la mort physique pour croire à une résurrection de la chair, un article du *Symbole des Apôtres*, généralement et grossièrement comprise comme la simple réanimation d'un cadavre. Dans les deux cas, c'est sur cette vie-ci, sur ce qu'elle peut vraiment nous apporter si au moins nous savons en faire usage, qu'on risque de *faire une croix* !

L'institution du sacrement eucharistique lors de la dernière Cène, impliquant donc cette transsubstantiation à quoi les catholiques doivent croire aveuglément, figure bien ensuite dans les synoptiques (Jean n'a que le lavement des pieds), mais ne figure pas dans beaucoup de manuscrits anciens de Luc 22/19-20. Bultmann parlait à son propos de « légende cultuelle », c'est-à-dire d'un texte écrit exprès pour justifier a postériori un usage liturgique, ici d'origine païenne ou barbare : une manducation sacrée permettant de s'incorporer la force de celui qu'on ingère. Il est peu probable que Jésus en tant que juif ait pu inviter à boire son propre sang, l'ingestion de sang étant totalement prohibée dans cette culture : « Vous ne mangerez le sang d'aucune chair ; car l'âme de toute chair, c'est son sang : quiconque en mangera sera retranché. » (Lévitique 17/14). En somme, l'eucharistie est tout sauf un usage kasher...

C'est pourtant un sacrement essentiel en catholicisme, et donc, comme tout sacrement, un moyen pour l'Église instituée de diriger les fidèles et d'exercer son pouvoir sur eux. *Tantum ergo sacramentum...* Si grand donc est ce sacrement... qu'elle en fait bien son propre usage.

Autrefois, le chevalier de la Barre a payé de sa vie de ne pas s'être découvert lors d'une procession du Saint-Sacrement. Aujourd'hui encore, l'Église peut refuser l'eucharistie à certains : aux divorcés remariés par exemple. Parfois le prêtre tolérant peut simplement les inviter à ne pas chanter sur les toits leur situation, préférant l'hypocrisie au scandale. Mais avec la restauration qui se dessine, je gage que beaucoup de nouveaux ministres ne fermeront pas ainsi les yeux.

De toute façon il y a eu bel et bien de tout temps possibilité d'un chantage aux sacrements. On ne pouvait communier qu'après s'être confessé. Et on sait quel pouvoir avait le confesseur. Que penser de cette parole paranoïaque, qui lui conférait la toute-puissance : *Ego te absolvo...* (*Je* t'absous) ? Jamais un pasteur protestant ne dirait cela. Il préfèrerait dire, beaucoup plus modestement : « Que Dieu te pardonne ! » On sait que le sacrement en milieu protestant n'exige pas généralement la foi aveugle de la part des fidèles, qu'il fait appel à leur compréhension et à la coopération active qu'ils peuvent apporter par leur réflexion à son efficience, et donc qu'il favorise moins leur manipulation. Il est vrai que les Temples n'ont point de retables comme celui que

La Foi aveugle

j'ai contemplé, et dont c'est souvent le but : grand théâtre ou cinéma hypnotisant...

Songez que Louis XIV lui-même tremblait devant son confesseur ! Au fond le bandeau de ma statue a bien une utilité : celle de conforter l'emprise de l'Institution sur le troupeau des assujettis. C'est de notre soumission et du crédit, de la *fiducia*, de la foi que nous leur donnons que les dogmes et leurs défenseurs tirent leur autorité. En fait les seconds s'autorisent des premiers pour exercer cette immémoriale et très humaine tentation : celle du pouvoir. Ils sont les profiteurs du Mystère. On voit maintenant pourquoi la foi doit être aveugle : pour permettre l'obéissance qui le sera elle aussi.

Espérons tout de même qu'elles ne le seront pas toujours, et qu'on pourra penser à d'autres versions du christianisme qui ont été possibles depuis l'origine, d'autres choix ou *hérésies* qu'on a indûment dévalorisés, mais qui stimulent l'esprit plutôt qu'ils ne l'obscurcissent.

[Septembre-octobre 2009]

La Trinité barbare

Cette gravure est tirée d'un *Catéchisme en images*, publié à La Maison de la bonne presse, 4, rue Bayard, à Paris, en 1908, qui a bénéficié en son temps évidemment de l'Imprimatur. Elle est chargée d'illustrer le *Mystère de la Sainte Trinité* : en regard figure une définition du Mystère : « Un mystère est une vérité révélée de Dieu, que nous devons croire, quoique nous ne puissions pas la comprendre. » C'est très simple, et très franchement dit. On sait que *catéchisme* signifie le fait de répéter en écho (*èkhein*) une vérité descendue d'en haut (*kata*). Bref il s'agit plus de résonner, que de raisonner, et la définition du Mystère qui nous est donnée ici est admirable à cet égard. Répéter mécaniquement sans comprendre s'appelle aussi du psittacisme (du grec *psittakos*, perroquet), ou de l'écholalie (parler, *laleîn*, en écho). C'est un fait que le catéchisme opérant par questions-réponses (obligées) a longtemps sévi chez nous. On ne voulait pas ouvrir l'esprit, on voulait le subjuguer, l'asservir.

Notez bien que cela n'est pas propre au monde chrétien. Il y a des écoles juives (*yeshivas*) où il ne s'agit, comme on dit trivialement, que de s'enfoncer quelque chose dans la tête, et la posture physique mécaniquement balancée du récitant qui s'y obstine des heures durant le montre assez. Et aussi des écoles coraniques, par exemple en Afrique, où on fait répéter à des enfants en arabe, langue qu'ils ne comprennent pas, des versets du Coran qu'ils ne peuvent évidemment que répéter comme des mantras.

Voici l'explication du tableau que donne le *Catéchisme en images* (chaque tableau sert en effet de support à chaque leçon) : « La Sainte Trinité est représentée au centre par un grand triangle dans lequel on voit Dieu le Père reposant sur le globe du monde, et tenant les bras de la croix sur laquelle Jésus-Christ est attaché. Le Saint-Esprit, sous la forme d'une colombe, rayonne entre le Père et le Fils, ce qui nous fait entendre qu'il procède du Père et du Fils. »

La Trinité barbare

Remarquez d'abord que représenter Dieu pour un juif, ou Dieu le Père pour un orthodoxe, est totalement blasphématoire. L'orthodoxie ne représente que le Fils, jamais le Père, sinon très discrètement, sous la forme d'une main ou d'un doigt. En cela elle est bien conforme à ce que dit Dieu dans la Bible juive : « Nul ne peut me voir et vivre. » (Exode 33/20) Ensuite, la mention dans le commentaire de ce qu'on appelle en théologie la *double procession de l'Esprit* (« il procède du Père et du Fils ») est propre à l'église romaine, et c'est d'ailleurs une des raisons qui a causé le grand schisme du XIe siècle entre Occident et Orient chrétiens. Cette fameuse querelle est dite du *Filioque* : Rome dans son Credo dit que l'Esprit procède du Père *et* du Fils (*qui ex Patre Filioque procedit*), et l'Orient dit qu'il procède du Père seul (ou au mieux, pourrait-il dire, du Père *par* le Fils).

En cela c'est l'Orient qui a raison, eu égard aux textes initiaux : « Quand sera venu le consolateur, que je vous enverrai de la part du Père, l'Esprit de vérité, *qui vient du Père*, il rendra témoignage de moi. » (Jean 15/26) Autrement dit l'explication qu'on nous donne de la colombe ici, située à mi-chemin entre le Père et le Fils et censée ainsi procéder des deux à la fois, est une inflexion idéologique propre à Rome. Mais évidemment l'enfant à qui on l'enseigne va prendre cela comme argent comptant : il ne sait pas évidemment (le pauvre !) que c'est un ajout romain au Symbole de Nicée-Constantinople.

Mais toutes ces précisions ou arguties, et le kitsch même de toute l'image considérée à la lumière des nos goûts esthétiques actuels, tout cela pourrait faire plutôt sourire, et ne tirerait pas à grande conséquence, si on ne voyait ici un côté extrêmement discutable de la construction théologique chrétienne, qui a existé très longtemps, et dont on n'est pas sûr qu'il ait encore aujourd'hui totalement disparu. Pourquoi donc dire barbare, comme je le fais, cette Trinité ?

Il est évident que le Père ici, étendant les mains pour tenir les extrémités horizontales de la croix, offre son Fils en sacrifice. Or ce geste de présentation-proposition, cette ostension dirai-je ostentatoire, renvoie évidemment à une certaine image du Père, qui n'est sans doute pas extrêmement flatteuse. Quelle image se fait-on de Dieu à regarder une telle image ? Celle d'un Père qui n'a pas hésité à sacrifier son Fils, et cela même si c'est pour le salut des hommes. Or c'est exactement une fort ancienne théologie, qui remonte aux épîtres apostoliques. Ainsi lisons-nous que Dieu « n'a pas épargné son propre Fils, mais l'a livré pour nous tous. » (Romains, 8/32) Ce « il n'a pas épargné », ne peut-on le voir ici dans notre image ? La Croix, ici centrale et tenue par Dieu (comme un trophée ?) était au fond nécessaire au salut, au pardon de Dieu. En effet :

La Trinité barbare

« Sans effusion de sang, il n'y a pas de pardon. » (Hébreux, 9/22)

Bien sûr cette idée choque aujourd'hui, puisque nous disons d'habitude, après avoir lu la première lettre de Jean, que « Dieu est amour. » (4/8) C'est un fait qu'on se gargarise de ce passage, et quand on l'a dit, on a tout dit. Mais en a-t-on lu le contexte ? Le voici : « Cet amour consiste, non point en ce que nous avons aimé Dieu, mais en ce qu'il nous a aimés et a envoyé son Fils comme victime expiatoire pour nos péchés. » (4/10) Combien elle fait frémir, cette expression de « victime expiatoire » (en grec, *hilasmos*) ! On pourrait dire aussi, en s'inspirant de la traduction de la Vulgate, « victime propitiatoire » (*propitiatio*). On a beau tourner l'expression dans tous les sens que l'on veut, on ne peut s'empêcher de penser que le but de toute victime d'expiation ou de propitiation est d'apaiser un Dieu courroucé.

Tout aussi choquant est le mot de *rançon* qui figure bien, lui, dans les évangiles : « Car le Fils de l'homme est venu, non pour être servi, mais pour servir et donner sa vie comme la rançon de plusieurs. » (Marc 10/45 ; Matthieu 20/28) Le mot grec est *lutron*, que la Vulgate traduit par *redemptio*. On pourrait dire que si *rançon* choque, *rédemption* choque moins. Mais le mot et l'idée sont exactement les mêmes : *rançon* en français vient de *redemptio*, par formation populaire (*raançon*, 1155), et ce dernier mot ne signifie qu'un rachat (*redimere* : racheter). Il s'agit seulement d'un crédit à recouvrer (à récupérer). On reste dans le registre impitoyable de la dette, dans le couple créancier-débiteur, qui n'est pas un scénario très flatteur à considérer, car les rapports y sont ordinairement inflexibles, exempts de toute compassion.

J'ai parlé plus haut du « pardon de Dieu ». Mais pardonner au fond implique qu'on annule une dette, qu'on efface une ardoise. Et dans le cas qui nous occupe, si Dieu a été effectivement payé du sacrifice de son Fils, a-t-il pardonné ? A-t-il même été dans le désir de le faire ? C'est ce que reprochaient dès le XVIe siècle les Sociniens à l'idée de rédemption par immolation d'une victime expiatoire : cette idée, dite en théologie de *satisfaction vicaire* (celle que le Sauveur a offerte à Dieu en notre lieu et place), exclut le pardon donc la miséricorde de Dieu. Le créancier a recouvré sa dette, il s'est fait payer. Que peut-on dire de plus ?

Il n'y aurait qu'une seule position donnant du Père une image flatteuse : celle des Patripassiens, qui affirmaient que le Père lui-même avait souffert sur la croix (le mot veut dire : « Père souffrant »). La position symétrique est celle des Théopaschites, selon lesquels le Fils a souffert en tant que Dieu. Ainsi un ajout au Trisagion de l'Église grecque porte-t-il : « Dieu a été crucifié ». Alors la barbarie de notre vision trinitaire

La Trinité barbare

disparaîtrait, puisque la divinité elle-même connaîtrait l'humiliation et la souffrance.

Malheureusement cette position d'un Dieu luimême crucifié, qui pourrait justifier les thèses par exemple de René Girard sur la fin du sacrifice expiatoire et de la violence en christianisme, a été chez nous décrétée hérétique, et on a maintenu une séparation bien nette entre le Père et le Fils, le premier recevant, avec ostension comme ici, le sacrifice du second.

La barbarie de certaines images, dont la nôtre ici (et innombrables sont les tableaux de même composition et donc de même intention dans notre héritage pictural occidental), est donc évidente. On peut évidemment préférer, au moins si on croit à la Trinité et à son fameux Mystère, et si on veut à toute force la représenter, la tradition orthodoxe, toute différente : je pense à cette icône d'Andrei Roublev, inspirée de la *Philoxénie* d'Abraham : Roublev choisit le symbole, d'abord la visite des trois pèlerins ou anges à Abraham dans la Bible juive, qui sont pris comme figure (préfiguration) de la Trinité chrétienne (Genèse 18/1-15) ; ensuite la table eucharistique préférée à la crucifixion sanguinolente. Dolorisme et barbarie disparaissent alors.

La Trinité barbare

Mais restera la barbarie de certains textes, comme ceux que j'ai mentionnés. Les théologiens bien sûr s'ingénient toujours à leur trouver d'autres sens que ceux que j'ai dits, mais ils sont plus idéologues que philologues. Car les textes restent, hélas ! et leur sens obvie. Certes on a abandonné aujourd'hui le *Minuit Chrétiens* qui a bercé mes Noëls d'enfant, mais je n'en saisissais pas alors la barbarie :

> Minuit Chrétiens, c'est l'heure solennelle
> Où l'Homme-Dieu descendit jusqu'à nous
> Pour effacer la tache originelle
> Et de son Père apaiser le courroux.

Mais on aura beau faire, ce Dieu colérique, source et alibi de toutes nos peurs, reste encore implicitement dans certains textes néotestamentaires, comme sûrement un vestige de ces deux païens antiques qui avaient soif de sang, et dont Baudelaire parle encore dans son *Reniement de saint Pierre* :

> Ah ! Jésus, souviens-toi du jardin des Olives !
> Dans ta simplicité tu priais à genoux
> Celui qui dans son ciel riait au bruit des clous
> Que d'ignobles bourreaux plantaient dans tes chairs vives.

Ce Seigneur saigneur, ce *Kyrie* qui riait fait partie sûrement de tous nos cauchemars...

Ce dieu courroucé en tout cas apparaît explicitement dans le canon de la messe latine, auquel

La Trinité barbare

certains voudraient encore revenir aujourd'hui. Voici ce qu'on lit dans l'Offertoire : *Hanc igitur oblationem quaesumus, Domine, ut placatus accipias*. C'est-à-dire : « Cette offrande, Seigneur, nous te demandons que tu la reçoives en étant, par elle, apaisé. » S'il y a « apaisé » (*placatus*) c'est qu'il y a lieu d'apaiser un Dieu qui autrement peut être inapaisable, proprement : *implacable*. Certains voudraient traduire : « Que cette offrande te plaise » : c'est astucieux, mais c'est un contresens, car *placere* (plaire) n'est pas *placare* (apaiser). « Daigne considérer ces offrandes, poursuit encore le célébrant, avec un regard favorable (*propitio vultu*). » L'idée de victime propitiatoire est ici indubitable. N'oubliez pas en effet qu'hostie (lat. *hostia*) signifie : victime. Dans ces conditions, comment encore des théologiens peuvent-ils parler, à propos de la messe ainsi célébrée, de sacrifice non sanglant ?

Certains veulent tout garder, et tous les anciens textes, et tous les anciens usages. Pourquoi pas aussi alors les anciennes images qui s'en inspirent, comme celle dont je suis parti ? Je les plains, ils ne savent pas où ils s'engagent – tels ceux qui veulent revenir aujourd'hui à la messe en latin : ils y gagneront peut-être la beauté, ou le « Mystère » ! Mais ils n'en supprimeront pas la barbarie.

.../...

La Trinité barbare

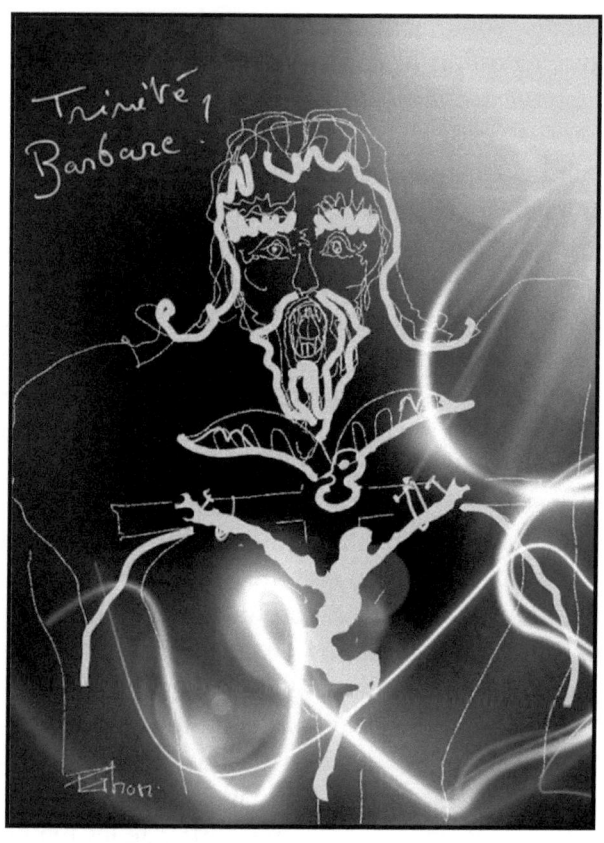

Illustration de Stéphane Pahon (D.R.)

[Mars-avril 2008]

Le Christ Pélican
(ou : Je t'ai donné mon cœur...)

L'autre jour, comme je déambulais ainsi qu'il se doit dans le déambulatoire de la cathédrale de Montpellier, mon attention fut attirée par un autel surmonté en son milieu d'un tabernacle, lequel comportait sur sa porte un groupe sculpté représentant, je le vis en m'en approchant, un pélican en train de nourrir ses enfants. Je pris donc les photos ci-jointes, et le soir même j'ouvris le vieux missel en latin qui ne me quitte jamais, moitié parce qu'il me rappelle avec nostalgie les souvenirs des liturgies de mon enfance, moitié parce qu'il me permet de mesurer, par réflexion sur ce qu'il contient et propose, tout le chemin que j'ai parcouru depuis. J'en parcourus donc les rubriques : c'en est le nom d'ailleurs, puisque le titre en était imprimé en rouge. Dans celle consacrée à la Bénédiction du Saint-Sacrement, je repérai le cantique *Adoro te*. Oubliant mes amis protestants actuels, qui ne sont pas Adorantistes en n'idolâtrant pas Jésus, je me plongeai dans le texte, et y vis enfin une strophe qui me donna la clé de ce que j'avais vu l'après-midi :

> *Pie pellicane, Jesu Domine*
> *Me immundum munda tuo sanguine*
> *Cujus una stilla salvum facere*
> *Totum mundum quit ab omni scelere.*

Le latiniste en moi proposa la traduction suivante : « Saint pélican, Seigneur Jésus, lave mon indignité dans ton sang, dont une seule goutte peut sauver le monde entier, et le préserver de tout péché. » Bien sûr je fus un peu honteux de la pauvreté de cette traduction, mais le professeur de français en moi aussi vint au secours du latiniste,

Le Christ pélican

et me rappela les vers du poète baroque Jean Auvray :

> Pour noyer mes péchés faites un large étang.
> Non, Seigneur, arrêtez ces précieuses ondes,
> C'est trop pour un pécheur prodiguer votre sang,
> Il n'en faut qu'une goutte à sauver mille mondes.

À partir de quoi je jugeai, sans doute sans témérité, que cet *Adoro te* était déjà connu au XVIe siècle, puisqu'on le voit ici manifestement recopié sans vergogne.

D'autres souvenirs de lecture m'assaillirent aussi, à commencer par le passage très connu de la *Nuit de mai* de Musset :

> Lorsque le pélican, lassé d'un long voyage,
> Dans les brouillards du soir retourne à ses roseaux,
> Ses petits affamés courent sur le rivage
> En le voyant au loin s'abattre sur les eaux (…)
> Pour toute nourriture il apporte son cœur.
> Sombre et silencieux, étendu sur la pierre,
> Partageant à ses fils ses entrailles de père, etc.

J'ai naguère expliqué le symbole à des générations d'étudiants, pour les éclairer, et aussi les alerter, sur le dolorisme romantique. Mais en fait, nous disent les ornithologues, ce symbole vient d'une illusion : le pélican ne nourrit pas ses petits en s'ouvrant la poitrine, c'est là une légende née d'une vision approximative. Cet oiseau est, dit Robert, muni à la mandibule inférieure d'une poche membraneuse dilatable, où il emmagasine la nourriture de ses petits. Donc il se contente de régurgiter ce qu'il a préalablement stocké. Le même dictionnaire ajoute : *Le pélican, symbole de l'amour paternel.* Le rapprochement avec le Christ se comprend ainsi : c'est un Père pélican. Je pense aussi à la façon dont Balzac nomme son Père Goriot : le Christ de la paternité.

La scène pélicanesque telle que Musset la raconte est sanguinolente, voire grandguignolesque :

> Sur son festin de mort il s'affaisse et chancelle,
> Ivre de volupté, de tendresse et d'horreur.

Scène gore, dirions-nous aujourd'hui. C'est en tout cas la voie choisie depuis longtemps par tout le christianisme catholique. La dévotion au Sacré-Cœur par exemple l'exploite sans fin. *Ecce cor meum* : Voici mon cœur. Ou bien, comme on chante dans *Le Pays du sourire* : Je t'ai donné mon cœur... Mais la version ici pourrait bien en être simplement littérale. À partir du pélican, il faut comprendre : Ce cœur, maintenant dévore-le, mange-le... Voyez le début du *Cor dulce*, par exemple : aimons-le, ce « doux cœur », qui y est dit dévoré d'amour pour nous : *amore nostri languidum...* Il ne s'agit pas du tout de symbole, c'est au pied de la lettre qu'il faut prendre le thème. De ce point de vue l'Eucharistie tout entière (le Saint-Sacrement) est une manducation, une dévoration sacrée, ou un cannibalisme, justifiant le nom injurieux dont autrefois les protestants affublèrent les catholiques : *Théophages*, dévoreurs de Dieu.

Qu'il faille prendre toutes ces choses littéralement, c'est ce que montre aussi le cantique qui suit l'*Adoro te* dans mon missel : l'*Ave verum*. Le corps du Christ est vraiment, c'est-à-dire réellement, dans le Saint-Sacrement : *Ave verum corpus*, Salut, corps véritable... Ce texte, qui affirme la réalité effective et littérale de l'Incarnation, a sans doute été écrit pour contrer toutes les tentations docètes en christianisme : le docétisme (du grec *dokeîn*, sembler, paraître) affirme que Jésus dans son passage sur cette terre n'a eu qu'une apparence charnelle, en réalité il a été comme un fantôme sans corps.

Vous savez que saint Ignace d'Antioche en son temps voulut souffrir effectivement le martyre, et que son corps fût réellement déchiré par les lions, pour incarner lui-même ce qu'avait souffert le Christ, et par là démentir le docétisme. Pauvre Ignace ! Je ne sais s'il eut raison, et s'il est bien recevable, l'argument avancé par certains : que vaut une opinion dont l'auteur, pour la défendre, ne le paierait pas de sa vie ? Mourir pour une idée de toute façon ne signifie pas qu'elle est juste. Personnellement je me battrais bien, sans doute, pour défendre mes opinions, mais je pense que cela serait, selon le mot de Rabelais, « jusques au feu exclusivement »...

Le Christ pélican

Mais cet *Ave verum* a été, sans aucun doute cette fois, écrit contre les visions symboliques ou symbolisantes possibles de l'eucharistie : évidemment c'étaient les protestants réformés qui étaient visés. Le tabernacle que j'ai contemplé contient le ciboire, lequel contient les hosties. Or ces hosties, après la consécration, deviennent effectivement le corps du Christ, de même que le vin du calice, toujours après la consécration, en devient effectivement le sang. Les textes sont inflexibles là-dessus. Si l'on s'en écarte, on devient aux yeux de l'Église un hérétique *sacramentaire* : nom donné quelquefois, dit Littré, aux réformés qui ont publié des opinions contraires à celles des catholiques sur l'eucharistie. – Voyez dans le présent livre les chapitres *La Foi aveugle* et *Symbolisme*.

Me voici donc face à un rituel sanglant : l'autel (latin *altare*) que je vois est celui d'un sacrifice. La messe latine commençait de la sorte : *Introibo ad altare Dei*, Je m'avancerai jusqu'à l'autel de Dieu, qui est une citation du Psaume 43 (v.4). Le prêtre est un sacrificateur, situé explicitement dans la ligne de Melchisédech, « sacrificateur du Dieu Très-Haut » comme le dit l'épître aux Hébreux (7/1). Quant à l'hostie, c'est évidemment la victime sacrifiée : sens propre du latin *hostia*. Comment après cela trouver étrange qu'on prenne littéralement tous les éléments de ce sinistre et sanguinolent rituel ?

Le Christ pélican

Qu'on parle, par exemple, à côté du Christ Pélican et du Sacré-Cœur de Jésus, de son *Précieux Sang* salvateur ? Il suffit de taper « Précieux Sang » dans n'importe quel moteur de recherche sur Internet, pour trouver encore plusieurs pages à sa dévotion, hautement et fièrement proclamée.

Vous me direz que ces réflexes sont ceux des intégristes, et que l'Église a abandonné ce théâtre sanglant, depuis son aggiornamento lors de Vatican II par exemple. Il suffirait de s'opposer à l'ancienne liturgie (latine), et aujourd'hui à son éventuel retour, pour s'en prémunir.

Je n'en suis pas du tout sûr. En effet, la nouvelle liturgie vernaculaire, si elle gomme bien certains aspects théologiques barbares de l'ancienne, continue de mentionner, lors de la prière eucharistique, l'institution par Jésus lui-même, lors de son dernier repas, de ce sacrement.

Or il est remarquable que sur ces paroles, par quoi Jésus en effet ressemble au Pélican qui le figurera plus tard : « Prenez, et mangez en tous : ceci est mon corps livré pour vous », il y a beaucoup d'hésitations dans les manuscrits. Les premiers en date, ceux de la première épître aux Corinthiens (11/24), ne comportent pas initialement le « Prenez, et mangez », laissant la possibilité pour l'épisode d'être seulement une commémoration (dans le texte grec paulinien : *anamnèsis*, anamnèse) totalement symbolique. Et dans beaucoup de versions initiales de Luc (22/20) l'épisode entier ne figure pas. Qui nous dit que ces paroles n'ont pas été prêtées à Jésus, à son corps défendant pour ainsi dire, précisément pour justifier l'institution de cette eucharistie, à laquelle il pouvait être naturellement étranger – ne serait-ce que parce qu'il est interdit à juif, par exemple, de consommer du sang ? Il s'est agi de trouver une caution textuelle pour justifier un usage, une pratique liturgique. Légende cultuelle, selon Bultmann.

Cet usage liturgique peut venir des cultes à mystères païens, de ces dieux qui tels Osiris ou Dionysos meurent et ressuscitent pour le salut de leurs fidèles. Ou encore du mithraïsme par exemple. Dans le mithraeum de Santa Prisca, selon ce que dit l'*Encyclopaedia Universalis* à l'article *Mithraïsme,* on célébrait la tauroctonie comme un acte de salut : *Et nos seruasti eternali sanguine fuso,* Et tu nous as sauvés par ce sang éternel répandu... Qui donc nous dit que ce thème, et par conséquent aussi toute la seconde partie de la Messe, la liturgie du sacrifice, n'est pas en réalité toute païenne d'inspiration ? Peut-être faut-il maintenant le reconnaître.

On sait d'ailleurs que pour le judaïsme et l'islam le christianisme est un paganisme. La raison en est l'importance prise en son sein par l'idée d'une rédemption acquise au prix d'un sacrifice. Cette idée s'est imposée au fil du temps, à la fois contre le judéo-christianisme des origines

Le Christ pélican

et contre les symbolisations de la gnose, jusqu'à devenir la version majoritaire de la deuxième religion abrahamique.

Ce soir, on va manger du saignant... Cette phrase énigmatique et frissonnante, surréalisante aussi, du *Mystère de la chambre jaune* de Gaston Leroux, m'a toujours fait rêver. Maintenant j'en vois une singulière application. C'est ainsi que beaucoup de chrétiens aiment encore leur Dieu : saignant.

Je pense quant à moi qu'il est plus fidèle à ce qu'a pu être le personnage historique de Jésus, et aussi plus intéressant pour ce qui est de nos propres vies, de le voir comme un maître en enseignement, un instituteur de la Parole. C'est ainsi qu'il est nommé d'ailleurs dans les textes : *rabbi* en hébreu ou en araméen (d'où : rabbin), *didaskalos* en grec, *magister* en latin. A-t-il pu prévoir sa propre mort, la transformer par avance en processus salvateur, je ne sais. Je ne me prononce même pas ici sur son existence historique. Mais je sais bien ce qu'est la résonance en nous d'une parole, et la gratitude que nous devons à ceux qui nous la transmettent et nous l'éclairent – et même s'il y a là fiction ou invention, car il y a toujours, derrière, une certaine bouche qui parle, ou une certaine main qui écrit.

Je ne peux jamais relire sans émotion le passage des Pèlerins d'Emmaüs, après l'apparition et la disparition de Jésus à leurs yeux : « Et ils se dirent l'un à l'autre : 'Notre cœur ne brûlait-il pas au-dedans de nous, lorsqu'il nous parlait en chemin et nous expliquait les Écritures ?' » (Luc 24/32) Une Voix qui montre la Voie, et un souvenir qui donne un avenir, ce n'est pas rien. Le cœur bat, c'est essentiel. Que ce qui le fait battre soit légende ou non n'a aucune importance.

Je préfère donc, vous le voyez, le christianisme de la Parole (et donc si vous voulez la première partie de la Messe) au christianisme de la mort sacrificielle et rédemptrice du Seigneur, qu'on célèbre à partir de l'Offertoire. Donc, pour reprendre une expression que j'ai utilisée dans mes *Deux Visages de Dieu*, le Christ enseignant qui nous sauve au Christ qui nous sauve en saignant.

C'est Paul qui a créé le christianisme du sacrifice, en ne faisant en aucun de ses textes allusion à l'enseignement de Jésus, et en le convoquant simplement, je dirai en l'instrumentalisant, pour soutenir sa fameuse « Parole de la croix » (première épître aux Corinthiens, 1/18). Mais cette expression, qu'il s'agisse de la croix elle-même qui parle (génitif subjectif) ou d'une prédication à son propos (génitif objectif), n'a guère de sens pour qui a présent à l'esprit ce que le mot « Parole » veut dire, car un objet ne *parle* pas. Tout l'enseignement verbal de Jésus y meurt derrière un scénario de mort salvifique et de résurrection,

Le Christ pélican

de toute autre origine : mais c'est le seul aussi que mentionne notre Credo, qui ne rapporte que la naissance de Jésus, d'abord, et puis sa dernière souffrance, son ensevelissement et son redressement, mais absolument rien de ce qu'il a pu dire entre-temps, durant toute sa vie, ou même durant son seul ministère.

Je sais bien que christianisme-là a encore beaucoup de fidèles. Nous continuons encore pour nous porter chance à toucher du bois, à croiser les doigts, à nous signer, en souvenir de la croix ensanglantée. Peut-être aussi ce sang est-il au fond le meilleur ciment des communautés, et ma position ici est-elle trop individualiste. Réfléchir en solitude sur la résonance intérieure d'une parole n'est sans doute pas le meilleur moyen de faire corps avec les autres, pourquoi pas de marcher au pas en suivant le rythme commun, la tête pleine d'un scénario émotionnellement très fort : pour la Passion on se passionne. Même (et peut-être surtout), sanglante et tuméfiée...

Aussi tous les prestiges de l'art, l'émotion qu'il suscite, font beaucoup pour le christianisme officiel et sacrificiel : combien d'*Agnus Dei* en musique font oublier ce que le thème a, à mes yeux, de contestable ! Mon missel ouvert sur ma table, avant l'*Adoro te*, a le *Ô salutaris hostia*, qui a donné naissance aussi à de sublimes musiques :

Ô salutaris hostia
Quae caeli pandis ostium

Le Christ pélican

Bella premunt hostilia
Da robur, fer auxilium...

– Victime qui apportes le salut, qui nous ouvres l'entrée du ciel, les assauts ennemis nous pressent, donne-nous la force, apporte-nous du secours...

C'est la Marseillaise du croyant. Et comme pour la Marseillaise, il ne faut pas être trop regardant avec les paroles, qui sont celles d'un hymne sanguinaire et raciste. Le « sang impur abreuvant nos sillons » est aussi contestable, comme thème, que la « victime salvatrice ». Mais les foules n'y prêtent guère attention, et il suffit qu'elles en soient galvanisées. On est ému, on frissonne, éventuellement on pleure. On oublie que les larmes brouillent le regard, et qu'il peut y avoir même une obscénité et une barbarie de l'art...

Si le pélican déchire sa poitrine pour en nourrir ses enfants, l'image du sacrifice qu'il nous donne est certes émotionnellement forte. Mais intellectuellement elle est sommaire, car on se nourrit plus et plus profondément de parole que de chair, disons de nourriture matérielle. Et éthiquement elle est dangereuse, car le vrai amour de l'autre, qu'il faut aimer *comme soi-même*, n'exige pas le sacrifice de soi. Qui fait mépris de soi, ne peut pas aimer véritablement les autres. Saint Martin a partagé son manteau avec le pauvre, il ne le lui a pas donné tout entier.

Mais au fond, le plus grand reproche que je pourrais faire à ce groupe sculpté est qu'il nous

Le Christ pélican

donne l'image d'un assistanat. Le don en lui-même, quand bien même serait-il don d'une partie de soi, amputation, n'est rien s'il reste ponctuel, s'il n'y a pas en vérité aide pour le long terme, transmission durable d'un savoir. Le proverbe dit bien : Si on donne un poisson à quelqu'un, on le nourrit pour une journée. Si on lui apprend à pêcher, on le nourrit pour toute la vie. Peut-on mieux dire la victoire de l'enseignement sur le sacrifice ? Et le pélican même ne pourrait-il y réfléchir ? Au lieu de nourrir ses petits, fût-ce de sa propre chair, ne pourrait-il leur apprendre à se nourrir eux-mêmes, c'est-à-dire à ne pas rester éternellement dans la sujétion et l'enfance ? Ce rôle d'instituteur, qui fait grandir, à mon avis n'est pas moins digne que l'autre.

[Septembre-octobre 2007]

Limites de l'Incarnation

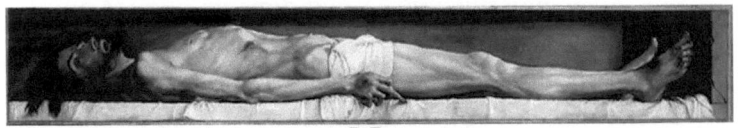

D.R.

Ce tableau de Hans Holbein dit le jeune, représentant *Le Christ mort*, a été peint en 1521. Il se trouve au *Kunstmuseum* de Bâle. Dans son roman *L'Idiot*, Dostoïevski dit que sa vision est propre à faire perdre la foi. « Ce que ce tableau, dit-il, m'a semblé exprimer, c'est cette notion d'une force obscure, insolente et stupidement éternelle, à laquelle tout est assujetti et qui vous domine malgré vous. » Cette force est évidemment la mort, qui clôt toute vie. Rien bien sûr de si banal, mais aussi rien de plus effrayant. Le réalisme extrême de la représentation pourrait donc être ici une occasion pour réfléchir à ce qu'on pourrait appeler en christianisme les limites de l'Incarnation.

« Ni la mort ni le soleil, dit La Rochefoucauld, ne se peuvent regarder en face. » Voyez aussi ce que dit l'agnostique Valéry, dans son *Cimetière marin* :

> Qui ne connaît, et qui ne les refuse
> Ce crâne vide et ce rire éternel ?

Limites de l'Incarnation

C'est un fait qu'une tête de mort, un crâne vide, à le regarder, semble rire : ricaner au fond sur toutes nos illusions. Voici donc ce que tôt ou tard nous serons, et qui dément toutes nos espérances d'autre chose. Ici certes on n'a pas le crâne, mais un corps supplicié, peint avec le plus grand réalisme, allongé comme sur la table d'une morgue. On dit qu'Holbein s'inspira de la dépouille d'un marchand noyé pour réaliser la tête du Christ. La main droite même montre le geste bénisseur traditionnel du Maître. Mais ce n'est plus que celle d'un cadavre : ironie suprême d'un geste auquel ce type d'image enlève toute signification. Peinture blasphématoire, diront certains, qui continuent à penser peut-être que l'image contient quelque chose encore de son sujet (*image* est l'anagramme de *magie*)...

L'idée chrétienne d'Incarnation de Dieu, en la personne de Jésus-Christ, nous semble aujourd'hui naturelle, et nous ne songeons pas qu'elle est tout à fait étrangère à un juif ou à un musulman, par exemple. Elle est présente déjà bien sûr dans certaines épîtres pastorales. Voyez par exemple l'épître aux Colossiens : « Car en lui habite corporellement toute la plénitude de la divinité. » (2/9) Mais explicitement et littéralement elle vient du prologue de Jean : « Et le Verbe s'est fait chair. » (1/14) Et naturellement elle passe à l'identique dans le Credo de Nicée : « Et il prit chair de l'Esprit-Saint à partir de la

Vierge Marie ». Soit, dans sa version latine bien connue chez nous : *Et incarnatus est de Spiritu Sancto ex Maria Virgine.*

Mais à contempler le tableau de Holbein nous sommes bien loin ici de ce que dit le même prologue de Jean, à propos du passage sur cette terre de ce même Verbe incarné : « Et nous avons contemplé sa gloire. » (1/14) Ici au lieu de gloire nous contemplons sa décomposition bien proche. Le Jésus de l'évangile johannique même n'est pas mort au sens propre du mot : littéralement il « transmit l'esprit », le laissa en dépôt ou tradition à ses disciples (*pararedôken to pneûma* : 19/30). Mais ici seul reste son corps mort (*corpse*, disent les anglais, en opposition à *body*, corps vivant). Comme si à trop insister sur l'humanité profonde de Jésus, à trop le rapprocher de nous en quelque sorte, de notre destin d'« être pour la mort », pour reprendre le mot de Heidegger, on risquait de supprimer en lui sa partie divine, nécessairement incorruptible. Tant il est peut-être dangereux d'affirmer la nécessité qu'il y eut pour lui « d'être rendu semblable en toutes choses à ses frères », selon ce que dit l'épître aux Hébreux (2/17) ! On voit donc peut-être ici les dangers d'une Incarnation sans limites…

Mais il n'est peut-être pas inutile de souligner qu'elle en a eu, dès l'origine, en monde chrétien, avant d'être hautement affirmée, et de pouvoir ainsi permettre l'existence d'une telle image. Par exemple elle tient peut-être à un simple choix de ponctuation dans le passage suivant de l'épître aux Romains, évoquant la généalogie de Jésus : « ... et les patriarches, et de qui est issu, selon la chair, le Christ, qui est au-dessus de toutes choses, Dieu béni éternellement. Amen ! » (9/5) Sans ponctuation, ou avec une virgule simple avant « Dieu béni éternellement », on peut comprendre bien sûr que le Christ est Dieu. Mais pas avec un point au même endroit, qui sépare ce qui précède de la suite du propos : « ... au-dessus de toutes choses. Que Dieu soit béni éternellement ! ». C'est évidemment bien plus conforme à l'esprit juif, pour lequel aucun homme, fût-il exceptionnel, ne peut être dit Dieu. Or les deux interprétations sont possibles, les manuscrits initiaux n'ayant aucune ponctuation, et même ne séparant point les lettres.

Pareillement pour le passage de l'annonce aux bergers, en Luc 2/11, dont la version reçue est : « C'est qu'aujourd'hui, dans la ville de David, il vous est né un Sauveur, qui est le Christ, le Seigneur (*Khristos Kyrios*). » Là évidemment le Christ (c'est-à-dire le Messie) est Dieu, dont *Seigneur* (*Adonai*), est le nom pour les juifs. Mais il y a pour ce passage une variante bien instructive : « le Messie *du* Seigneur (*Khristos Kyriou*) », ce qui est bien plus conforme à l'esprit juif, qui ne peut admettre une quelconque incarnation divine.

Limites de l'Incarnation

Très tôt aussi on a pensé que Jésus n'eut qu'une apparence ou une forme humaine, et non une réalité. C'est la position des docètes (du grec *dokeîn*, sembler, paraître), qui fut aussi l'option de certains gnostiques. Même le fameux passage de l'épître aux Philippiens sur l'abaissement ou la *kénose* du Messie n'est pas à mon avis exempt de docétisme : « il s'est dépouillé (*ekenôsen*) prenant la forme (*morphè*) d'esclave. En similitude (*homoiôma*) des hommes et reconnu à son aspect (*skhèma*) comme un homme… » (2/7) Forme, similitude, et aspect ne garantissent pas un statut d'humanité véritable. Jésus a paru aux yeux des hommes comme un homme, mais ne l'a peut-être pas été effectivement.

Pareillement, il y a maints épisodes évangéliques où Jésus apparaît et disparaît comme un fantôme, sans réalité, sans poids. Ainsi il échappe comme par enchantement ou par miracle à ses auditeurs de la synagogue scandalisés par ses paroles et qui veulent lui faire un mauvais parti : « Ils se levèrent, le poussèrent hors de la ville et le menèrent jusqu'à un escarpement de la montagne sur laquelle leur ville était bâtie afin de le précipiter en bas. Mais lui, passant au milieu d'eux, s'en alla » (Luc 4/29-30). Seul un fantôme ou un revenant peut ainsi traverser des corps. De même il marche sur les eaux, comme si son corps n'avait aucun poids, et ses disciples croient voir un fantôme (*phantasma*) : Marc 6/48-49. Il se

Limites de l'Incarnation

dérobe pareillement, disparaît aussi miraculeusement qu'il est apparu, aux Pèlerins d'Emmaüs : Luc 23/31. Après sa résurrection, ses disciples « saisis de frayeur et de crainte » quand il leur apparaît croient voir un esprit (*pneûma*) : Luc 24/37. Dans l'évangile de Jean, il demande à Marie-Madeleine de « ne pas le toucher » (20/17). Puis il vient, tel un passe muraille, se faire voir de ses disciples, assemblés « portes closes » : 20/19 et 26. Assurément il y a de quoi troubler les esprits : qu'en est-il de quelqu'un qui passe ainsi au milieu des gens et des murs ?

Les docètes allaient jusqu'à prétendre que Jésus ne fut pas crucifié, mais qu'un autre le fut à sa place : Simon de Cyrène, le porteur de sa croix. On lit pareillement dans le Coran que Jésus n'est pas mort, et que quelqu'un d'autre a été crucifié à sa place : « Ils disent : 'Nous avons mis à mort le Messie, Jésus fils de Marie, l'envoyé de Dieu'. Non, ils ne l'ont point tué, ils ne l'ont point crucifié : un homme qui lui ressemblait fut mis à sa place, et ceux qui disputaient là-dessus ont été eux-mêmes dans le doute. Ils ne le savaient pas de science certaine, ils ne faisaient que suivre une opinion. Ils ne l'ont point tué réellement. » (Sourate 4, v. 156).

Il y a même une grande prudence à cet égard dans le symbole de Nicée, où, si on le lit bien, on voit qu'il n'est pas question de la *mort* de Jésus. On y lit en effet : « A souffert sa Passion, a été mis au tombeau, s'est redressé le troisième jour ». Comme si, même après avoir affirmé l'Incarnation, on éprouvait tout de même le besoin en quelque façon d'y mettre quelques limites, en évitant de parler directement de la mort du Sauveur. Cet évitement euphémisant est une variante de métonymie appelée métalepse, procédé d'essence propitiatoire ou consolatrice très fréquent dans le langage, où on dit le conséquent pour l'antécédent : ainsi « nous le pleurons » remplace « il est mort ». Cette pudeur, Holbein évidemment ne l'a pas eue.

Pensons aussi à ces *Aphtartodocètes* du 6e siècle, appelés ainsi d'après le grec, mais appelés aussi d'après le latin *Incorruptibles*, ou *Incorrupticoles*, qui prétendaient que le corps de Jésus était incorruptible, impassible (incapable d'éprouver une souffrance), et non mortel dès sa conception dans le sein de Marie. Leur position recoupait celle des monophysites, pour qui la nature uniquement divine de Jésus le séparait radicalement des autres mortels. Il est évident qu'à suivre cette option anti-incarnationniste, le tableau d'Holbein n'est pas pertinent.

Mais à l'inverse, il peut ne pas choquer du tout certains. D'abord ceux qui pensent qu'une image n'est qu'une image, qui ont une vision nominaliste et non réaliste de la représentation plastique : c'est le cas de beaucoup de protestants, en opposition avec les chrétiens catholiques et orthodoxes, qui restent encore dans une conception magique de l'image. Ensuite il ne choquera pas sans doute ceux qui nient la nature divine de Jésus, et pensent qu'il ne fut qu'un homme, même exceptionnel : étant comme nous, il nous rejoint de même dans la mort. Tels les ariens, disciples d'Arius, pour lesquels Jésus ne fut qu'un homme sur lequel avait passé un reflet, une ressemblance divins. Ou les adoptianistes, ou les nestoriens, ou encore les unitariens d'aujourd'hui : toutes pensées insistant sur l'humanité essentielle du Maître, qui put être « adopté » (intronisé) à un moment par Dieu, lors de son baptême ou de sa transfiguration par exemple, mais sans mettre aucunement en péril l'unicité ou la monarchie divine. Ces pensées évidemment, niant la divinité de Jésus, sont anti-trinitaires.

Pourtant le dogme de la double nature de Jésus, entièrement homme et entièrement dieu, a été affirmé au Concile de Chalcédoine (451). Mais ce concile qui a voulu établir une synthèse théologique me semble bien plutôt avoir touché la pointe extrême de l'état poétique, qui est, selon André Breton, celui où les contraires cessent d'être perçus contradictoirement. On voit qu'orthodoxie et surréalisme peuvent parfois avoir des points communs...

J'ai analysé cette dualité, entre un Jésus qui aurait été au départ un homme, ou bien dès l'origine un Dieu, dans mon livre *Les Deux Vi-*

sages de Dieu – Une lecture agnostique du Credo (Albin Michel, 2001). Le premier scénario en date, celui du Symbole des Apôtres, nous montre un homme qui devient Dieu ; et le second, celui, ultérieur, du Symbole de Nicée, un Dieu qui devient homme. Il me semble bien difficile d'unir, comme le fait sans vergogne le catéchisme de l'Église catholique, les deux visions, de complétant la première par la seconde, etc.

Si les négateurs de l'Incarnation sont apparus très tôt, très tôt aussi on les a diabolisés. C'est ce que font les deux épîtres de Jean : « Reconnaissez à ceci l'Esprit de Dieu : tout esprit qui confesse Jésus-Christ venu en chair est de Dieu, et tout esprit qui ne confesse pas Jésus n'est pas de Dieu, c'est celui de l'antéchrist, dont vous avez appris la venue, et qui maintenant est déjà dans le monde. » (1 Jean 4/2-3) Et encore : « Car plusieurs séducteurs sont entrés dans le monde, qui ne confessent point que Jésus-Christ est venu en chair. Celui qui est tel, c'est le séducteur et l'antéchrist. » (2 Jean 1/7) On le voit : l'antéchrist (il vaut mieux dire, en calquant le grec, l'*antichrist*) peut prendre beaucoup de visages. À l'époque des lettres de Jean, c'était dit-on un certain Cérinthe qui était visé. Mais ici ce pourrait être celui qui par principe, au nom de la divinité essentielle de Jésus, refuserait un tableau qui pousserait à un point si extrême la réalité de l'Incarnation…

Limites de l'Incarnation

Je pense maintenant à ce pauvre Ignace d'Antioche (v. 35-107), évêque chrétien, père apostolique de l'Église. Il fut martyrisé, livré aux fauves, sous Trajan. Considérant qu'un disciple parfait du Christ doit imiter sa passion pour s'unir réellement à lui dans la souffrance, il voulut donc, pour défendre l'Incarnation, être l'incarnation vivante de sa thèse, et, poussant en quelque sorte jusqu'au bout sa critique de l'hérésie, il paya de sa personne pour critiquer l'erreur docète. Quel dommage qu'il n'ait pas mis, lui, des limites à l'Incarnation !

Finalement, Holbein nous montre froidement ce que nous sommes, par ce que nous deviendrons. Si on dit que ce tableau supprime la foi, c'est qu'on voit celle-ci fondée sur l'espérance d'une survie après la mort. Donc qu'on croit à ce que le Symbole des Apôtres appelle la résurrection de la chair. On oublie que même celle-ci n'est pas une certitude, mais précisément une espérance : « ceux qui se sont endormis dans l'espérance de la résurrection », dit admirablement notre liturgie. Et surtout, on oublie qu'on peut voir la résurrection non pas de façon littérale comme la réanimation d'un cadavre, mais de façon symbolique comme le redressement vivifiant que chacun d'entre nous peut faire dès cette vie-ci : la résilience. Le vrai problème n'est pas qu'il y ait une vie après la mort, mais qu'il y en ait une avant. Ce sursaut est à mon avis la seule tâche à

Limites de l'Incarnation

faire dès cette vie-ci, pour ne plus être ces morts-vivants que nous sommes la plupart du temps. Ce à quoi notre tableau ne fait pas du tout obstacle, mais en constituerait plutôt l'aiguillon, en nous en montrant l'urgence.

[Novembre-décembre 2009]

Porter sa croix ?

L'autre jour, passant dans le petit village de Boisseron, dans l'Hérault, je remarquai de fort loin, jouxtant la rue principale, cette statue, où je reconnus ensuite, une fois arrivé à sa hauteur, un Christ portant sa croix d'une main, et de l'autre semblant héler les voyageurs. Le geste était avenant, et d'une invite telle que le démon malin ou malicieux qui m'accompagne souvent m'y fit voir celui d'un autostoppeur. Mais bien vite je passai sur cette remarque iconoclaste, je tâchai d'oublier le côté emphatique et théâtral d'une telle posture, ainsi que le kitsch évident de la représentation, pour me concentrer sur quelque chose de plus sérieux, et chercher le sens que cette figure pouvait bien avoir.

Je me souvins de remarques souvent entendues dans ma jeunesse, de la part d'âmes déjà résignées, et justifiant leur abdication d'un fréquent : « Dans la vie il faut porter sa croix ». Évidemment il ne s'agissait pas, comme l'enfant en moi pouvait alors le penser, de cette petite croix que le chrétien fidèle aime porter autour de son cou, comme un bijou ou un signe de reconnaissance. Non, comme je le vis bien plus tard en lisant l'*Imitation de Jésus-Christ*, le sens symbolique était plutôt : il faut accepter toutes les épreuves que la vie nous réserve, y compris les pires, prenant exemple sur celui que Jésus nous donna. Je me souvins aussi d'une autre expression entendue bien souvent, pour justifier tous les renoncements : « faire une croix dessus ». Cela me mena alors à considérer la vie ainsi conçue de façon passablement mélancolique : quand on vit de cette façon, on en voit de toutes les douleurs...

Rentré chez moi, je fus pris de la curiosité de voir l'origine de cette façon de voir et de ce que

Porter sa croix ?

je venais de voir. J'ouvris donc ma Bible, et y trouvai quelques réponses, par exemple dans l'évangile de Luc : « Puis il dit à tous : 'Si quelqu'un veut venir après moi, qu'il renonce à lui-même, qu'il se charge chaque jour de sa croix, et qu'il m'accompagne. Car celui qui voudra sauver sa vie la perdra, mais celui qui la perdra à cause de moi la sauvera.' » (9/23-24) Aussitôt je regardai au bas de mon exemplaire grec, à la rubrique des variantes. Et c'est avec beaucoup d'étonnement d'abord, d'intérêt ensuite que je vis que les deux expressions du verset 23 : « qu'il se charge de sa croix », et « chaque jour » étaient en réalité absentes de beaucoup de manuscrits, dont le fameux codex de Bèze, qui représente selon beaucoup de chercheurs une très ancienne version du texte : texte que l'on dit « occidental », avant que les grands manuscrits onciaux du 4e siècle, manuscrits dits *alexandrins* (*Vaticanus*, *Sinaïticus*) aient opéré leur travail habituel de lifting ou de censure, aboutissant au lissage consensuel final qu'ils ont imposé à la majorité. En sorte qu'un état initial du texte lucanien, pour ce verset 23, pourrait être : « 'Si quelqu'un veut venir après moi, qu'il renonce à lui-même, et qu'il m'accompagne. » La croix, on le voit, a disparu, ainsi que tout ce qu'elle représente en matière de dolorisme, qui est encore augmenté par le second ajout : « chaque jour », dont s'inspirent encore beaucoup de manuels de théologie bien pensante, lorsqu'ils parlent de la nécessité de la « croix quotidienne ».

On peut se demander maintenant ce que signifie : « qu'il renonce à lui-même ». Le grec *aparneîsthai* est traduit dans la Vulgate par *abnegare*, qui a donné notre mot : *abnégation*. Avant d'y voir ce qu'on y a vu ensuite, un renoncement sacrificiel de tout son être, j'y vois quant à moi simplement un renoncement à notre petit moi, qui nous fait tout ramener égocentriquement à nous-même : le tout à l'ego ! À cette paranoïa habituelle, à l'enfant gâté et prétentieux que nous portons en nous, s'oppose la *metanoïa* ou conversion. Elle nous fait entrer dans d'autres raisons que les nôtres, nous montre qu'on ne sait jamais, que jamais on ne sait... C'est bien assez il me semble pour chacun de résilier les prétentions exorbitantes de sa propre pensée, sans qu'il faille pour autant aller jusqu'au sacrifice total de son être. Ce dernier, il n'est pas sûr du tout que le Jésus des origines l'ait demandé. En sorte qu'il pourrait très bien exister un christianisme sans sacrifice, comme l'a fort justement envisagé, au XVIe siècle, Faust Socin.

Il est vrai qu'on nous dit toujours qu'il faut imiter Jésus, sa personne et sa vie, mettre en quelque sorte nos pas dans les siens : souffrir comme lui, dans chacune de nos journées, et pourquoi pas aussi éventuellement souffrir le martyre, en sacrifiant réellement notre vie en con-

Porter sa croix ?

sidération de la vie véritable qui nous attend comme récompense si nous le faisons (je frémis en pensant aux « fous de Dieu » à qui aussi on fait miroiter de telles perspectives !). À supposer même qu'il ait pu prévoir le sien, et l'accepter à l'avance, je me demandai alors si Jésus a pu exiger de ses disciples de l'imiter personnellement jusqu'à accepter un tel sacrifice, ce qui bien sûr supposerait une très grande opinion de soi-même.

Je me reportai donc ensuite, pour méditer sur le même passage, à la version de Marc, qui est, selon l'opinion courante, le plus ancien en date de nos évangiles. Apparemment j'y vis la même chose que chez Luc : « Puis, ayant appelé la foule avec ses disciples, il leur dit : 'Si quelqu'un veut venir après moi, qu'il renonce à lui-même, qu'il se charge de sa croix, et qu'il m'accompagne. Car celui qui voudra sauver sa vie la perdra, mais celui qui perdra sa vie à cause de moi et de la bonne nouvelle la sauvera.' » (8/34-35)

Cependant je choisis là encore ce que j'appelle la méthode de la poule. Penché sur mon livre, je baissai la tête pour parcourir des yeux les petites notes de bas de page qui comportent les fameuses variantes. Et là mon effort fut vraiment récompensé. Je constatai en effet que le « de moi et » (*emoû kai*) du second verset était absent de beaucoup de manuscrits importants, donc encore le fameux codex de Bèze, en sorte que la fin de ce verset 35 pouvait être lue, en une version initiale, en : « celui qui perdra sa vie à cause de la bonne nouvelle la sauvera ». On sait que cette bonne nouvelle est littéralement l'évangile (grec *euanggelion*). Le sens serait alors que c'est seulement la bonne nouvelle qui exige de nous un sacrifice (avec bien sûr le sens symbolique que l'on peut donner à ce mot), et non pas la suivance de Jésus lui-même. La *jésulâtrie*, ou adoration inconditionnelle du maître, n'existe pas encore dans cet état du texte. En tout état de cause, dans cette façon de voir, le message est bien supérieur à celui qui le porte.

Regardant à nouveau la photo que j'ai prise de cette statue, je me dis maintenant qu'elle illustre bien l'éloge que fait Paul de la fameuse « parole de la croix » (*logos toû staroû*) qui est, dit-il, « une folie pour ceux qui périssent ; mais pour nous qui sommes sauvés, une puissance de Dieu. » (1 Corinthiens 1/18) J'ai souvent réfléchi à cette expression « parole de la croix ». On peut y voir la croix elle-même qui parle (génitif subjectif), ou bien la parole qu'elle nous inspire, la prédication à son propos (génitif objectif). Dans le premier cas, ce n'est pas se faire une haute idée de la parole, que de dire qu'un objet puisse parler. Mais dans le second cas même, celui qu'on choisit majoritairement, le mot *logos* me semble très abusif ici, car ce mot en grec signifie un discours rationnel (voyez le mot *logique*, qui en vient). Cette parole en réalité à mes yeux est un mythe, ce *logos* est un *mûthos*. À bien des égards même, c'est une mystification : la construction paulinienne a pu instrumentaliser Jésus, en étouffant sa parole sous un scénario expiatoire et salvateur qu'il ignorait lui-même. Je dirai ici seulement que l'important en tout est de méditer une parole, scruter un livre ou le Livre, et pour cela se faire aider non de martyrs plus ou moins exaltés, mais d'un maître en enseignement et en méditation.

Le souvenir me revient maintenant d'un voyage en un lieu où assurément l'esprit a soufflé, au même titre que par exemple l'Acropole d'Athènes : je veux dire Chartres. Alors mon pauvre Christ sulpicien et tragi-comique m'abandonne, s'efface totalement devant cet admirable Christ enseignant porteur du Livre au Portail Sud de la cathédrale de Chartres, qui le réduit à néant.

[Novembre-décembre 2008]

Sacrifice

« Ni la mort ni le soleil, dit La Rochefoucauld, ne se peuvent regarder en face. » À plus forte raison s'il s'agit d'une vie fauchée dans sa fleur, quand l'impression de tragique, c'est-à-dire d'absurde et de gaspillage, est la plus forte. L'euphémisation habituelle, qui nous fait dire d'un disparu : « Il s'en est allé », ou : « Il nous a quittés » – ce qui est exactement en latin le sens du mot *décédé* (*decessit vita* : il s'est éloigné de la vie) –, s'augmente dans le cas d'un mort à la guerre d'une rhétorique flatteuse : au moins que cette mort n'ait pas été inutile, qu'elle ait servi à quelque chose ! Ici, c'est la Patrie, ou la France. C'est pour elle qu'on est mort.

Au fond, cette structure (nécessité d'un *mourir pour...*) est essentiellement religieuse. Il suffit de songer aux paroles du Credo, qui formellement sont les mêmes : « *Pour nous* les hommes et pour notre salut il est descendu des cieux – Crucifié *pour nous* sous Ponce Pilate, etc. » L'école laïque l'a enseignée avec dévotion à des générations d'élèves, sans songer que l'autre école, la cléricale, dont elle se croyait l'ennemie, l'enseignait aussi, en portant aux nues, dans un autre contexte, la positivité du sacrifice. Il y a donc une version laïque du sacrifice religieux, une religion séculière ou laïcisée, qui a relayé la première, en euphémisant le sang versé : simplement, la Patrie a remplacé Dieu. Dans les classes on a fait réciter Corneille :

> Mourir pour sa patrie est un si digne sort
> Qu'on briguerait en foule une si belle mort.

Ou Hugo :

> Ceux qui pieusement sont morts pour la patrie
> Ont droit qu'à leur tombeau la foule vienne et prie.

C'est de ces « Morts pour la Patrie » que sont remplis tous nos Monuments aux morts, qui souvent d'ailleurs font face dans nos villages à l'école communale elle-même : comme si pour aller de l'une à l'autre il suffisait de traverser la rue, ou la route. Et sur leurs pierres tombales on lit d'abord leur nom, puis leur prénom, exactement comme quand l'instituteur les nommait quand il faisait l'appel. Tels sont ces « morts glorieux » surmontant le « Poilu » de mon village natal (photo ci-contre), qui faisaient penser

Sacrifice

l'enfant que j'étais aux autres morts, à ceux qui n'étaient pas glorieux, et à l'égard desquels je voyais une grande injustice.

L'euphémisation sociale transforme ainsi le champ d'horreur en champ d'honneur, et la mort odieuse en mort glorieuse. De même qu'Agamemnon, le  Roi des Rois, couvrit son visage d'un voile pour ne pas voir sacrifiée sa fille Iphigénie, de même le voilement de la rhétorique dissimule la boucherie en la qualifiant, comme dans *Candide* de Voltaire, d'*héroïque*. Cet oxymore est-il charitable, ou hypocrite ? Ces voiles et ces manteaux (je pense à celui dont les fils de Noé voilèrent la nudité de leur père, en Genèse 9/23), qui osera les arracher, littéralement les *démanteler* ? Afféteries rhétoriques : « Que ces vains ornements, que ces voiles me pèsent ! » Et imposture du voilement : le voile ment.

On ne dira jamais assez que la théologie sacrificielle chrétienne perdure chez certains écrivains qui se disent ou se croient athées. Je pense à Aragon, évoquant le sang versé par les résistants fusillés pensant la dernière guerre, dans *La Rose et le Réséda* :

> Il coule, coule et se mêle
> À la terre qu'il aima
> Pour qu'à la saison nouvelle
> Mûrisse un raisin muscat…

Autrement dit, le sacrifice de vies innocentes, objectivement gaspillées, devient positif, car telle une divine vendange, il permettra la récolte à venir. Pareillement d'Aubigné disait au XVIe siècle à propos des martyrs protestants : « Les centres des brûlés sont précieuse graine ».

C'est exactement le thème chrétien de la *Felix culpa* : *Felix culpa, quae talem ac tantum meruit habere Redemptorem !* – « Bienheureuse faute, qui nous a valu un si grand Rédempteur ! » Selon ces paroles de saint Augustin cette heureuse faute est le péché originel, qui a mérité aux hommes la gloire d'être rachetés par le Fils de Dieu. Mais l'idée est déjà chez Paul, dans l'épître aux Romains : « Or, la loi est intervenue pour que l'offense abondât, mais là où le péché a abondé, la grâce a surabondé. » (5/20) En somme, par un renversement totalement paradoxal, le mal objectif se tourne en bien, grâce à la Rédemption qu'il a permise.

Benjamin Péret, dans *Le Déshonneur des poètes* (1945), répondant à la plaquette d'Eluard,

Sacrifice

L'Honneur des poètes (1943), montre bien la structure religieuse de toute cette poésie de la Résistance, qui présente les mêmes caractéristiques : forme litanique, dolorisme sous-jacent, hagiographie et martyrologe. Tendance à l'abstraction aussi : dans *Liberté* d'Eluard, de quelle liberté précisément s'agit-il ? Celle du prisonnier cherchant à s'enfuir, du patron écrasant son ouvrier, du bourreau frappant sa victime, etc. ? On fait réciter dans les classes ce poème avec émotion. Mais de même que les larmes brouillent le regard, pareillement l'émotion rend toutes choses floues, tue la réflexion, et on oublie les drames et les gaspillages réels derrière les cantiques, même les plus beaux : et que dire de cette beauté même, sinon qu'elle est ici plutôt une circonstance aggravante ?

Je pense en effet souvent à l'hypothèse paradoxale, mais qui me semble de plus en plus plausible, qu'il peut y avoir une barbarie de l'art, et d'autant plus dangereuse que l'art est à son plus haut niveau. *La Traviata* par exemple euphémise le sacrifice de Violetta de façon totalement obscène. Tel est aussi tout l'opéra du XIXe siècle, qui met à mort une femme dans la beauté du chant (*Carmen* exceptée) : Brecht parlait bien à propos de la *catharsis* d'un « plaisir barbare », parce que dispensant de la distance nécessaire à la réflexion, à l'analyse lucide, à la vraie prise de conscience.

Sacrifice

On peut en dire autant, à propos des morts à la guerre, du vers de Péguy dans *Ève* (1913) :

> Heureux les épis mûrs et les blés moissonnés !

Certes la métaphore est réussie, et la transposition poétique, admirable ; mais le contenu est-il admissible ? On conseillait au professeur que j'étais, je pense au manuel de Lagarde et Michard, de lire ce poème aux élèves avec émotion et recueillement, surtout en pensant au sacrifice de l'auteur lui-même, mort au front dès les premiers jours de la guerre de 1914-1918. Mais peut-on euphémiser ainsi et pourquoi pas vanter ce qui révolte à la fois la sensibilité et la raison ? Un beau vers excuse-t-il tout ?

En christianisme, suivant la nature qu'on donne à Jésus, humaine ou divine, on voit en lui, pour reprendre le terme de la première lettre de Jean (2/2 et 4/10), une « victime expiatoire » (grec : *hilasmos*), qui peut être soit involontaire, soit au contraire volontaire. Les évangiles synoptiques vont dans le premier sens, et celui de Jean dans le second. Depuis qu'on a affirmé, au concile de Chalcédoine, le dogme de la double nature du Christ, à la fois totalement humaine et totalement divine, on a uni les deux scénarios. C'est ce que montrent les paroles de la Messe catholique, lors de l'Offertoire : « Au moment d'être livré (scénario 1, humain), et d'entrer volontairement dans sa Passion (scénario 2, divin), etc. »

Sacrifice

Mais ces « Morts pour la Patrie », étaient-ils volontaires ? C'étaient des appelés, des conscrits. On n'était pas encore au temps de l'armée de métier. Pour les faire sortir des tranchées, lors de la Grande Guerre, on les enivrait bien souvent : c'est le vin qui servit au divin sacrifice – celui-là offert à Mars. Et on menaçait de mort ceux qui ne se prêtaient pas au jeu sanglant. Me revient à l'esprit le refrain si émouvant de la chanson de Craonne, lors des mutineries de 1917 :

> Adieu la vie, adieu l'amour,
> Adieu toutes les femmes.
> C'est bien fini, c'est pour toujours,
> De cette guerre infâme.
> C'est à Craonne, sur le plateau,
> Qu'on doit laisser sa peau.
> Car nous sommes tous condamnés,
> C'est nous les sacrifiés !

Ces sacrifiés ne voulaient pas du sacrifice. Ils s'étaient pourtant bien battus auparavant. Leur crime n'a été que de ne plus vouloir obéir à un ordre imbécile. Beaucoup ont payé de leur vie cette désobéissance : « Fusillés pour l'exemple ! » – comme il se voit aussi dans *Les Sentiers de la gloire*, film de Stanley Kubrick sorti en 1957, dont le titre est manifestement une antiphrase, et où l'on ranime même un blessé pour l'exécuter, ficelé sur son brancard ! Malgré la volonté d'un Premier ministre récent, on n'a pas encore osé réhabiliter les mutins de la Grande Guerre. Si grand est le poids encore du lobby des

Anciens combattants, ces amnésiques volontaires ou involontaires !

Cela perdure sans fin. Et toujours comme dit le poète (Aragon) : De la guerre, tu n'en reviendras pas...

Pour le soldat de métier sans doute, la mort est un risque à courir. L'épigraphe de *Servitude et grandeur militaires*, de Vigny, est la devise des gladiateurs romains : *Ave Caesar, morituri te salutant !* – « Salut, César, ceux qui vont mourir te saluent ! » Mais quid du conscrit, de l'enrôlé de force ? Il n'a rien demandé, pas plus que le simple soldat d'en face. Là est l'hypocrisie de tout le système. La guerre, selon le mot de Paul Valéry, est faite par des gens qui ne se connaissent pas, commandés par des gens qui se connaissent et qui ne la font pas.

Il est extrêmement dangereux d'invoquer ici la notion de martyre. Au bout du compte, c'est comme dit le poète : « La mort, la mort toujours recommencée. » « Martyr c'est pourrir un peu », disait Prévert. N'oublions pas aussi que seuls des vivants prononcent des discours aux morts, par quoi ils se donnent facilement bonne conscience, s'exonèrent de la culpabilité de leur avoir survécu, comme dit Hector dans *La Guerre de Troie n'aura pas lieu*, de Giraudoux (1935). Je renvoie le lecteur à ce discours (acte II, scène 5), qui est un modèle certains diront de cynisme démotivant, mais je dirai quant à moi de lucidité et au fond d'humanité. Aussi, dans les discours aux morts, on célèbre les héros en bloc. Mais la mort a l'énorme inconvénient, par l'absolution générale qu'elle permet, d'égaliser dans le mérite tous les humains, aussi bien les crapules que les honnêtes. Comme dit encore Brassens dans sa chanson *Le Temps passé* :

> On pardonne toujours à ceux qui nous ont offensés :
> Les morts sont tous de braves types.

J'ai dans deux précédents articles, repris dans le présent livre, critiqué l'idée de sacrifice expiatoire qui fonde encore, malgré ce qu'on pourrait en penser, le christianisme majoritaire : *La Trinité barbare*, et : *Porter sa croix ?* D'autres options que celle-là étaient possibles, et cela dès l'origine. Mais c'est celle de Paul, prêchant un Messie crucifié pour le salut des hommes, qui l'a emporté. Faust Socin plaidait encore au XVIe siècle pour un christianisme sans sacrifice. Que n'a-t-il été suivi ! Mais tant que le christianisme ne verra pas la croix de façon objective, comme l'échec d'une parole qui a été refusée, et y verra au contraire un symbole salvateur, selon la construction mythologique paulinienne, et tant aussi qu'il valorisera le sacrifice comme attitude, avec le dolorisme et le masochisme qui le suivent habituellement, il sera difficile de penser autrement.

D'autant que l'émotion dont alors il s'accompagne fait tomber toute raison et tout bon sens, ainsi qu'il se voit chez certains fondamentalismes actuels, qui ne démordent pas de l'orientation initialement choisie : « Songe que Jésus t'a sauvé parce qu'il est mort pour toi ! » Assurément ce mantra, qu'on scande souvent aujourd'hui dans certaines églises à grand renfort de musique et de rythme pour attirer les jeunes, est fait pour émouvoir, non pour faire réfléchir. À l'inverse exact de ce qui se passe dans les milieux libéraux, on a changé en la *relookant* la forme du culte, mais on a gardé l'ancien fond.

Je n'irai peut-être pas jusqu'à appeler de mes vœux l'abandon de la Marseillaise, hymne belliqueux, sanguinaire et raciste (« sang impur » !), dont la musique n'est guère faite pour adoucir les mœurs. Mais je pense qu'il faudrait faire au moins justice de l'idée d'un sacrifice guerrier. Il y a eu après la Grande Guerre des Monuments aux morts pacifistes, comportant pour inscriptions : « Guerre à la guerre ! », ou « Maudite soit la guerre ! » On en trouvera facilement les photos sur Internet. Ils ont fait scandale évidemment. Qui admettra qu'on puisse inscrire, à la place de « Morts pour la Patrie », et en se contentant d'effacer certaines lettres : « Morts pour rien » ? Ou encore, selon une analyse brechtienne ou marxiste : « Morts pour enrichir les marchands de canons » ?

Le maréchal Ney, arpentant une jour un champ de bataille, dit à un soldat expirant : « Que vou-

Sacrifice

lez-vous ? Vous êtes une victime de la guerre ! » En quoi il préféra la tautologie ou le truisme, qui ne dit que ce qu'on voit, à l'allégorie menteuse, qui toujours regarde ailleurs, dit autre chose que ce qu'on voit (*allo agoreuein* : dire autre chose), et dont ici l'*héroïsation* eût été un exemple. Lui tiendra-t-on rigueur de sa franchise, même brutale ?

Tout près de la petite ville languedocienne où j'habite et dont j'ai tiré ma première photo se trouve un autre Monument aux morts, où sous la traditionnelle expression mi-effacée mais encore lisible : « À ses enfants morts pour la Patrie », on a ajouté à mon avis la seule inscription qui vaille, parce que totalement non sacrificielle : « À la mémoire des victimes de toutes les guerres ». Tous alors sont unis dans une même pensée : militaires et civils, ennemis compris. Ce dernier point est remarquable, car le patriotisme tourne bien souvent au nationalisme et à la xénophobie, à partir de quoi, l'amnésie aidant, les guerres s'enchaînent indéfiniment les unes aux autres. Félicitations donc au conseil municipal de ce petit village, sur lequel a soufflé à cette occasion, telle une Pentecôte laïque, un bel esprit de sagesse !

[Novembre-décembre 2009]

Symbolisme
(Jean 6/55-56)

D.R.

J'ai eu récemment une longue discussion avec un ami qui m'est cher, catholique fervent, et partisan de la présence réelle du Sauveur dans l'Eucharistie : elle survient sur l'autel de la messe une fois dites les paroles de la consécration et ainsi opérée la transsubstantiation. Il a évoqué devant moi le passage connu de l'évangile de Jean, où Jésus dit : « Car ma chair est vraie nourriture, et mon sang vraie boisson. Celui qui mange ma chair et boit mon sang demeure en moi et moi en lui. » (6/55-56)

Je n'ai pas su quoi objecter à sa conviction, car effectivement ce texte ne semble pas autoriser d'autre interprétation : Jésus offre bien son corps à manger et son sang à boire, tel le Pélican qui nourrit ses enfants de sa propre chair – voir mon article *Le Christ Pélican*, repris dans le présent livre.

Cependant, lui parti et moi-même livré à mes pensées, j'ai ouvert mon Nouveau Testament en grec, et j'ai regardé les notes de bas de page qui contiennent les variantes. Et là ma curiosité a été récompensée. En effet le verset 56 du passage en question comporte, dans ce codex de Bèze qui m'est si précieux, l'ajout suivant : « En vérité, en vérité je vous le dis : si vous le prenez pas (*ean mè labète*) le corps du Fils de l'homme comme (*ôs*) le pain de vie, vous n'y avez pas (*ouk ekhete*) la vie. » Cette traduction est littérale et sans aucun doute maladroite. Je peux la clarifier en : « Si vous ne considérez pas le corps du Fils de l'homme comme étant le pain de vie, vous n'y trouverez pas la vie. » Autrement dit, tel vous penserez être pour vous ce geste que vous ferez, tel il sera. Il n'aura que la valeur que vous lui donnerez.

Voilà, me suis-je dit, ce que j'aurais pu objecter au littéralisme de mon ami : la présence réelle n'est pas un fait objectif, mais elle n'existe que pour celui qui y croit. S'il n'y a pas foi en elle, elle disparaît. Et voilà aussi, me suis-je dit encore, ce qui conforterait d'autres amis qui me sont chers aussi, et qui, protestants réformés, ne voient l'eucharistie que de façon symbolique. On sait le surnom de *théophages*, mangeurs de Dieu, dont

Symbolisme

les réformés ont affublé en leur temps les catholiques.

Me reviennent maintenant en mémoire encore les paroles du prêtre à la consécration, lors de l'épiclèse ou invocation de l'Esprit : « Sanctifie ces offrandes en répandant sur elles ton Esprit, et fais qu'elles deviennent pour nous le corps et le sang de Jésus, le Christ, notre Seigneur ». Comment comprendre ce « pour nous » ? Bien sûr on peut y voir : « pour nous venir en aide ». Mais pourquoi pas aussi : « à nos yeux » ? On peut lire alors : « Fais que nous les prenions pour le corps et le sang, etc. » L'idée est la même que précédemment : telle nous penserons être cette pratique, tel pour nous elle deviendra.

Mais évidemment, aux yeux de certains croyants traditionnels aujourd'hui le risque pourrait être grand de ne voir que cette dernière interprétation, et de s'acheminer vers une vision seulement symbolique de l'eucharistie. C'est si vrai que certains prêtres disant la messe omettent ce « pour nous » ambigu, qui pourtant est très ancien, figurant traditionnellement dans la liturgie latine (*ut nobis fiant...* – « qu'elles deviennent *pour nous...* »). Tant fait peur encore le symbolisme, à ceux qui défendent le littéral !

On ne peut donc voir du symbolisme dans le texte reçu que m'a cité mon ami, le texte canonique. C'est le texte dit alexandrin. Mais notre codex de Bèze, que j'ai dit si précieux, reflète une version sans nul doute antérieure au texte canonique. Il appartient à une tradition dite occidentale, dont les Vieilles latines sont aussi le reflet. Il est passionnant à scruter, parce qu'on y peut voir qu'avant les versions factuelles ou littérales des choses, il y a eu d'autres visions beaucoup plus fines, donnant d'une part au symbolisme une grande importance, et de l'autre se donnant plus pour des méditations sur du texte (le Texte biblique), que pour des témoignages factuels et historiques, à prendre littéralement..

Pour le second point je ne donnerai qu'un exemple, celui du dernier cri de Jésus avant de mourir (« Pourquoi m'as-tu abandonné ? »), qui est le début du psaume 22. En Matthieu 27/46 et en Marc 15/34, on a dans le texte du codex de Bèze le mot hébreu *zaphthani*, ce qui montre bien que le rédacteur ne travaille que sur le texte et la langue de la Bible juive, et donc invite le lecteur à en faire autant. Mais dans la version canonique, on a le mot *sabachthani*, qui est de l'araméen : Jésus étant censé avoir parlé en araméen, le rédacteur a voulu garantir à son texte une inscription historique, en faisant, si on veut, couleur locale. On a quitté le monde du seul travail sur le texte pour se diriger vers le domaine factuel de l'histoire.

Mais ce factuel est totalement présumé, et quiconque lit le récit de la Passion s'aperçoit vite qu'il n'est qu'une reprise par midrash de textes antérieurs tirés de la Bible juive, les psaumes principalement. D'où l'intérêt de développer la voie primitive de réflexion, qui valorise la méditation sur le Texte, plutôt que de croire aveuglément à ce qui nous est donné ensuite comme étant effectivement arrivé, et qui en réalité est pure fiction – voir là-dessus, repris dans le présent livre, l'article *Fictions évangéliques*.

Quant à l'interprétation symbolique en général, il ne faut pas oublier qu'elle était très répandue par exemple dans le judaïsme alexandrin. Je pense à Philon, qui lisait la Bible juive de cette façon. Il n'est pas étonnant qu'elle se trouve encore dans des versions initiales des textes néotestamentaires. Ce n'est qu'ensuite que lui ont succédé des versions littérales, qui ont bloqué le sens en luttant contre elles et en les faisant disparaître des manuscrits.

Et quant à la présence réelle du corps et du sang du Sauveur dans l'eucharistie, on a longtemps hésité pour savoir ce qu'il fallait y comprendre. Augustin disait que le Sauveur y était présent « d'une certaine manière » (*super quemdam modum*), sans précision d'aucune sorte. Ce n'est qu'au Concile de Trente qu'on a affirmé, contre la vision symbolique des réformés, l'effectivité de la transsubstantiation. La présence du Sauveur a été dite réelle (*in re*), et non figurée (*in figura*). Ont été décrétés anathèmes tous les Figuristes et Tropistes, qui interprétaient par voie de figures (*figurae*) et de tours (*tropoi*). Et pourtant l'Église avait systématiquement pratiqué le figurisme en voyant dans une quantité impressionnante de passages de la Bible juive des préfigurations de ses propres constructions. Deux poids, deux mesures, donc : ce que je fais, ne le faites pas.

Pourquoi a-t-on eu cet acharnement pour du littéral ? C'est qu'il pouvait constituer et garantir l'efficacité magique du sacrement, compris comme pratique thaumaturgique. Ici, l'enjeu est moins noble qu'il y paraît. Il s'est agi, par le sacrement administré par l'homme d'Église (*Tantum ergo sacramentum !*), dont il pouvait même faire un chantage, d'assurer à celle-ci un pouvoir sur les fidèles. On a préféré désormais les subjuguer par le miracle que les éveiller par le symbole. – Et cela a même été très loin : ainsi, comme je l'ai déjà signalé, le chevalier de la Barre a-t-il été supplicié à mort en 1766 pour ne pas avoir ôté son chapeau devant la procession du Saint-Sacrement.

En dernier lieu, je voudrais prévenir une erreur commune. On croit toujours que dans l'histoire culturelle des hommes le littéral est antérieur au symbolique. C'est faux. On a vu que la Contre-réforme tridentine, pour des raisons de polémique antiprotestante, a bloqué le sens de l'eucharistie dans sa version littérale. Mais ce blocage est réactionnel à une vision symbolique qui l'a précédée, il vient après elle. De même, la censure opérée par le texte canonique sur des versions antérieures montre que des versions symboliques de l'eucharistie existaient déjà depuis l'origine. Je pense en fait qu'il y a toujours, dans l'histoire des formes et des modes d'appréhension du monde, antériorité du symbolique par rapport au littéral.

Il suffit de regarder le dessin des enfants, ces petits d'hommes. Il est d'abord symbolique, l'enfant s'attachant non à ce qu'il voit de ses yeux, mais à ce qui a de l'importance dans son esprit. Il valorise avant tout ce qui compte pour lui, et néglige le reste. D'où ce que l'adulte appelle des déformations, mais qui sont des valorisations intérieures, intellectuelles ou mentales. – Et puis, à l'école, l'enfant apprend le dessin dit réaliste, il apprend à rendre en quelque sorte le littéral des choses. L'importance alors n'est plus ce que dit l'esprit, mais ce que les yeux perçoivent. On gagne peut- être l'objectivité, mais on perd la réflexion intérieure.

Car qu'est la chose elle-même, sans le sens que lui donne l'esprit ? L'attachement à ce qu'on appelle le réel, et le recours aux seuls sens physiques peut être vu comme une aliénation : l'homme y est dépossédé de sa réflexion, de son tribunal intérieur. Et en général, le réalisme où

Symbolisme

aucune interprétation n'est possible en-dehors de ce qu'on voit est meurtrier pour l'esprit et la foi même – voir mon article *Limites de l'Incarnation*, repris lui aussi dans le présent livre.

Aussi faut-il défendre toujours, contre le littéral qui endort ou tue, le symbolisme qui éveille. Car comme dit Cassirer : « Il faut vivre par le symbole ou mourir par la chair. »

[Mars-avril 2016]

La religion-relecture

Fictions évangéliques

D.R.

On sacralise souvent la Bible, sur laquelle par exemple prête serment le président des États-Unis nouvellement élu. Certains fondamentalistes parlent même de l'*inerrance* biblique, pour signifier que la Bible ne se trompe jamais. En christianisme le texte évangélique bénéficie du même privilège, comme on le voit dans l'expression courante : « Parole d'évangile », par laquelle on évoque quelque chose de sacro-saint, à quoi on doit automatiquement accorder crédit. Mais a-t-on vraiment raison de le faire ? Et si on le fait, dans quel sens doit-on le faire ?

Fictions évangéliques

On peut bien sûr trouver bien singulier ce singulier : « Parole d'évangile ». En réalité, de *quel* évangile s'agit-il ? On oublie aussi la prudence de l'Église, qui parle toujours de l'évangile *selon* un tel, ou un tel, etc. Mais que se passera-t-il, si l'on montre que l'évangile est dans sa plus grande partie une fiction littéraire ? Cela surprendra certains, en désorientera d'autres. Cependant à mon avis la foi ne devrait pas en sortir détruite, ni même fragilisée, mais plutôt épurée et mature : il arrive que des fictions soient véritablement instituantes, psychologiquement utiles et structurantes, qu'elles sont comme des miroirs où nous acquérons finalement une figure humaine. Elles façonnent l'homme pour qu'il ressemble à l'homme. Et c'est au fond de lui-même, en pratiquant une auto-exploration, qu'il en voit la vérité.

Cette gravure très connue de Rembrandt est le troisième état des *Trois croix*. Le peintre s'inspire évidemment du texte évangélique. On reconnaît évidemment ici le Calvaire, où la croix du Christ est flanquée, à droite et à gauche, de deux autres supportant chacune un des deux larrons.

Mais ces larrons, qui nous semblent si familiers aujourd'hui, ont-ils vraiment existé ? Ils viennent en réalité d'un texte, du passage bien connu d'Isaïe, celui dit du « Serviteur souffrant », où les chrétiens ont vu une préfiguration du Messie ou du Christ crucifié pour le salut des hommes (alors que pour un juif il n'y a dans ce passage qu'une allégorie des épreuves actuelles d'Israël, et il n'y est en aucune façon question d'un quelconque Messie, qui, s'il vient, viendra en triomphe). On a donc lu de façon particulière Isaïe 53/12 : « Il a été mis au nombre des hors-la-loi ». Notez qu'il n'est pas encore question ici de larrons, mais de hors-la-loi : la Septante a *anomoi*, la Vulgate *scelerati* (d'où notre : *scélérats*).

On peut dire que le rédacteur évangélique *invente* au sens ancien de ce mot, c'est-à-dire trouve (latin *invenire*) une situation dans un texte plus ancien qu'il a sous les yeux, ou dont il se souvient pour l'avoir longuement fréquenté.

Mais ensuite il va inventer au sens moderne du terme, c'est-à-dire ajouter du nouveau à de l'ancien. Ainsi les rédacteurs de Marc et Matthieu spécifient les hors-la-loi en brigands (*lèstai*), en inventent le nombre (deux), et la répartition par une symétrie topologique que reprendront toutes les œuvres plastiques figurant la scène, « un à droite, l'autre à gauche » : Marc 15/27 ; Matthieu 27/38. La Vulgate traduit le mot grec par *latrones*, et c'est de là que viennent nos *larrons*. Le rédacteur de Luc, lui, ne parle que de malfaiteurs (*kakourgoi*), que bizarrement la Vulgate traduit encore, sans doute par habitude prise, par *latrones* : Luc 23/34.

Mais surtout le texte lucanien va plus loin encore dans l'invention au sens moderne, en distinguant entre les larrons un mauvais (railleur) et un bon (compatissant). C'est à ce dernier, repentant, que Jésus promet pour le jour même (si on choisit la ponctuation traditionnelle) le salut et le paradis : Luc 23/39-43.

Je dirai que cette *fiction* du pardon est d'une très grande importance psychologique : elle nous donne espoir, comme il se voit, bien plus tard, dans cette strophe du *Dies irae* : « *Qui Mariam exaudisti / Qui latronem absolvisti / Mihi quoque spem dedisti* » (Toi qui as absous Marie [Madeleine], toi qui as absous le larron / À moi aussi tu as donné espoir).

La qualité du pudding, disent les empiristes, se voit quand on le mange. Ainsi les fictions instituantes, comme celle de Marie-Madeleine ou du bon larron, sont celles qui mettent en scène nos existences de façon à ne pas nous désespérer, elles nous éclairent par des scénarios qui ensuite peuvent baliser nos chemins de vie, être comme ici génératrices de confiance.

L'évangile de Jean, lui, ne fait pas mention des deux larrons : il y a simplement pour Jésus deux autres compagnons de crucifixion (19/18). Mais il y aurait ici une grande naïveté à raisonner comme Vladimir au début d'*En attendant Godot* de Beckett : « Comment se fait-il que des quatre évangélistes un seul présente les faits de cette façon ? Ils étaient cependant là tous les quatre – enfin pas loin. Et un seul parle d'un larron de sauvé... Un sur quatre... » (éd. Minuit, p.15)

En vérité, ce raisonnement naïf vient d'une erreur d'optique fréquente encore aujourd'hui chez le croyant de base : on prend ce type de récit comme une relation historique, alors qu'il ne s'agit que d'une reconstitution faite non pas par un témoin oculaire, mais par ce qu'aujourd'hui on appelle de façon bien plus heureuse, un témoin de conviction, qui peut alors, à partir de ses souvenirs de lecture, inventer à son gré.

S'agissant de nos deux larrons, un apocryphe ultérieur, la *Déclaration de Joseph d'Arimathie*, a éprouvé le besoin de les nommer et de les caractériser encore davantage : l'un appelé Dysmas, le « méchant », dont la vie elle-même est calquée sur celle de Procuste, brigand mythique de l'Antiquité ; et l'autre, le « bon », appelé Gestas, brigand au grand cœur, détrousseur des riches et bienfaiteur des pauvres, dont la vie fait penser à celle qui sera prêtée plus tard à Robin des Bois. Un texte en amont donc, et un autre en aval : preuve que la littérature n'a et n'aura jamais de fin...

On peut dire que le rédacteur évangélique procède selon la technique du *midrash*, bien connue en milieu juif : on brode autour d'un texte antérieur, dont on fait le commentaire exégétique. On peut parler aussi de *palimpseste*, au sens où un texte prétendument nouveau n'est en réalité qu'une réécriture d'un texte plus ancien, dont on s'inspire au départ, et auquel on ajoute ensuite d'autres choses. Rembrandt s'inspire sans aucun doute ici de la version reçue ordinairement du texte évangélique, mais s'est-il demandé ce qu'il y avait derrière cette version, derrière ce texte ? Les textes sont comme les trains ou les désirs : chacun peut en cacher un autre.

On dit souvent : Comme dit l'autre... Quel Autre ? Derrière chaque parole, une autre, puis une autre... : la mise en abyme peut se prolonger à l'infini. Qui a commencé ? On ne le sait. Combien de paroles nous modèlent dans la pièce que nous jouons dont l'Auteur se perd dans la nuit des temps ! « Comme dit l'Autre », version laïque de la voix de Dieu...

On peut par exemple aisément montrer que le récit de la passion tout entier n'est qu'un palimpseste ou un midrash, à base d'Isaïe et des Psaumes principalement : les insultes et moqueries des assistants renvoient au verset 7 du Psaume 22, le partage de la tunique au verset 18, le dernier cri de Jésus avant de mourir, en Marc et Matthieu, au premier verset (« Mon Dieu ! mon Dieu ! pourquoi m'as-tu abandonné ? ») – mais dans la version de Luc c'est le verset 5 du psaume 31 qui est utilisé (« Je remets mon esprit entre tes mains »), avec cependant l'ajout du mot « Père », etc.

Fictions évangéliques

Bien entendu le texte peut indiquer indirectement sa gestation et citer sa propre référence, lorsqu'il dit par exemple que les choses se sont effectivement produites comme il les présente « pour que l'Écriture s'accomplît ». Ce « selon les Écritures » est d'ailleurs constamment présent pour illustrer les articles de notre Credo concernant la vie de Jésus. Mais s'agit-il vraiment d'une authentification historique, ou au contraire de l'indication ainsi révélée du point de départ textuel ?

En vérité, croire à la réalité historique des événements ainsi rapportés est affaire de foi, car on peut tout aussi bien dire qu'ils ont été racontés ainsi par quelqu'un qui avait les Écritures sous les yeux et en était simplement inspiré, ou s'en inspirait.

Pour bien faire voir la chose, j'ajouterai deux exemples. D'abord celui de l'agonie de Jésus au Jardin des Oliviers. On lit que Jésus demande à son Père que l'épreuve lui soit épargnée, et dans certaines versions, mais pas dans toutes, qu'un ange descend du ciel pour le fortifier, et que des grumeaux de sang tombent de sa tête (Luc 22/43-44). Tout cela, comment le sait-on ? Les seuls habilités à nous le dire ne peuvent être que les Apôtres. Mais précisément à ce moment-là ils dorment, donc ils ne sont pas en état de le faire. On m'a dit que Jésus aurait pu leur raconter la scène après sa résurrection : mais cela suppose évidemment qu'on croie à la résurrection dans sa version littérale.

On pourrait en dire autant, comme second exemple, du récit du procès de Jésus, auquel nul apôtre n'a assisté, et qui nous est pourtant narré dans ses détails. La vérité me semble-t-il est que le narrateur procède avec l'omniscience de tout romancier, sans aucun contrôle factuel ou historique. Il a une totale liberté de raconter telle ou telle chose, puisque assurément personne ne peut le contredire. Libre à lui d'écrire : « La Marquise sortit à cinq heures », de choisir une Marquise plutôt qu'une Comtesse ou une Duchesse, cinq heures plutôt que quatre ou six, etc. Il invente donc au sens moderne du mot.

Compte tenu de ces remarques, à ce qu'on a raconté à propos de Jésus on pourrait maintenant préférer son enseignement lui-même, qu'on suppose être moins sujet à caution que les fictions narratives qui l'ont recouvert. À l'*Evangelium de Christo*, l'Évangile au sujet du Christ, on pourrait préférer l'*Evangelium Christi*, l'Évangile du Christ. Ou encore à la *diégèse* ou au récit des événements de sa vie (Luc 1/1), l'*exégèse* qu'il a apportée de la voix de son Père (Jean 1/18).

Je laisse de côté l'épineux problème de savoir si cet enseignement lui-même, tel qu'il nous est présenté, est unifiable, les textes mêmes reçus comme canoniques comportant des strates rédactionnelles bien différentes, à la manière des mille-feuilles.

Je me contenterai ici de suggérer qu'il peut être lui aussi inventé dans les deux sens du mot que j'ai signalés, trouvé ailleurs et aussi recombiné et enrichi. Ainsi la magnifique parole sur la croix : « Père, pardonne-leur, car ils ne savent ce qu'ils font » (Luc 23/34) reprend manifestement la suite du texte d'Isaïe dont je suis parti sur le serviteur souffrant mis au rang des hors la loi : « Et il a intercédé pour les coupables. » (53/12) C'est une nouvelle utilisation, une actualisation de l'ancien texte. Mais le contenu ici est spécifié par l'ajout décisif : « car ils ne savent ce qu'ils font ». Est-il nouveau ? Il reprend l'enseignement même de Socrate dans le *Gorgias* de Platon : « Nul n'est méchant volontairement. »

Qu'en était-il de la voix même, de l'*ipsissima vox* de Jésus ? On sait que le rédacteur de Luc écrit pour des Grecs, familiers de ce type de pensée. Nous ne saurons jamais si Jésus a prononcé cette si belle phrase, ou si on l'a mise dans sa bouche par réminiscence hellénisante. Mais l'essentiel n'est pas là sans doute : l'important est qu'elle ait en nous, au fond de nous-mêmes, un écho, une résonance.

On pourrait en dire autant du « ne pas résister au méchant », et du « tendre l'autre joue » évangéliques (Matthieu 5/39 ; Luc 6/29), qui semblent tout à fait correspondre au « Mieux vaut subir

Fictions évangéliques

l'injustice que la commettre » socratique, qu'on trouve dans le même *Gorgias*. Influence, ou simple ressemblance de nature ? Qui le dira ?

Bultmann disait qu'il fallait bien distinguer le Jésus historique du Christ de la foi. Du premier finalement nous savons bien peu de choses. Le second est évidemment respectable en tant qu'objet de foi, mais il n'a rien d'historique. On a dit que Bultmann avait démythologisé le christianisme. Mais il ne faut pas prendre forcément ce mot de mythe dans un sens péjoratif. Car s'il y a bien sûr des mythes mystificateurs, il y en a d'autres qui font vivre, et qu'il faut scruter pour mieux voir clair en soi-même.

En général, il y a en l'homme, comme disait Bergson, une fonction fabulatrice, qui lui permet, par telle fiction qu'il invente, telle représentation de ce qu'il désire, d'échapper à l'absurde de ce qui est. Telle est notre âme : comme cette petite fille aux allumettes dans le conte d'Andersen, qui se réchauffe dans la nuit froide au contact de ses petites flammes, de ses petites fictions – la nuit et la mort viendront bien assez tôt... Ou encore comme Shéhérazade qui chaque soir doit séduire le Roi par une histoire qu'elle lui raconte : sinon elle mourra. Ainsi de nous-mêmes : l'homme parle devant la mort comme le causeur adossé à sa cheminée.

Fictions évangéliques

Soit donc ici, pour dernier exemple, la fiction de la naissance virginale de Jésus. Elle vient d'une interprétation particulière de la Septante sur le passage d'Isaïe 7/14. Le texte hébreu porte : « Voici, la jeune femme nubile (*almah*) deviendra enceinte, elle enfantera un fils, et elle lui donnera le nom d'Emmanuel. » Mais la Septante, reprise en Matthieu 1/23, porte : « Voici, la vierge (*parthenos*) sera enceinte, elle enfantera un fils, etc. » Cette fiction est donc discutable, vierge se disant en hébreu autrement (*bethoula*).

Bien sûr, elle peut être ridiculisée si on la prend littéralement, car on peut toujours dire que la parthénogenèse est impossible. Mais elle est extrêmement profonde et éclairante, si on sait bien voir ce qu'elle veut ou peut dire symboliquement : elle nous dit que le vrai père est celui qui, tel Joseph, adopte son enfant, prend la responsabilité de l'élever et de l'éduquer. Le père n'est pas le géniteur : il faut ici dépasser la biologie. Le latin oppose bien *pater* et *genitor* (comme aussi *mater* et *genitrix*). Le père, comme dit César à Marius dans la pièce de Pagnol, ce n'est pas celui qui « donne la vie », car souvent elle lui est prise, mais « celui qui aime ». Celui aussi qui commence par épouser la mère, pour lui donner un nom ainsi qu'à son enfant. Comme dit l'adage juridique : *Is pater est quem nuptiae demonstrant* (Le père est celui qu'indique le mariage).

Fictions évangéliques

Magnifique leçon par conséquent d'une fiction quand elle est instituante et vitale : elle nous fait advenir, par delà les données de la simple nature, à l'espace de l'humanité, de la culture.

Sans les romans, disait Valéry, comment pourrait-on s'y prendre pour faire la cour à une femme ? Et que serions-nous, disait-il encore, sans le secours de ce qui n'existe pas ? À certaines fictions il importe donc de donner un crédit, une foi, mais éclairés. Si certaines aussi, il est vrai, peuvent toujours être instrumentalisées par l'Institution pour diriger les fidèles en jouant sur leur crédulité, d'autres nous font réellement grandir.

Leur examen systématique est aujourd'hui une tâche urgente, et passionnante, pour que nous puissions enfin aller à la rencontre de nous-mêmes, lire dans le miroir qu'elles nous tendent notre vraie figure. Elles nous accouchent à nous-mêmes. Sachons donc les creuser, car nous en sommes à la fois les auteurs et les fils.

[Mars-avril 2009]

Nota : Pour voir quelques actualisations et réécritures personnelles de la Bible, on peut lire mon ouvrage : *Marges du Livre – Fictions bibliques*, éd. BoD, 2017.

Le Baptême des larmes

Cette photo représente le tympan de la cathédrale de Maguelone, près de Montpellier. Classiquement on y voit le Christ en majesté entouré des symboles des quatre évangélistes, l'Ange pour Matthieu, le Lion pour Marc, le Bœuf pour Luc, et l'Aigle pour Jean. C'est ce que l'on appelle le tétramorphe, inspiré des quatre animaux ailés tirant le char de la vision d'Ezéchiel (Ez 1/4-14). La niche où siège le Christ n'est pas ovale comme dans la mandorle ou amande habituelle (image symbolique du sexe féminin, de la vulve d'où toute vie provient), mais polylobée.

Cependant ce qui va m'intéresser ici n'est pas le tympan lui-même, mais la frise qu'il surplombe, et qui lui est antérieure (le tympan date du début du XIIIe siècle). Et surtout, autour de cette frise, l'inscription faite de quatre vers dits léonins (vers latins dont la dernière syllabe rime avec la césure). Voici ce qu'on y lit :

> *Ad portum vite* (latin classique : *vitae*) *sitientes quique venite*
> *Has intrando fores vestros componite mores*
> *Hinc intrans ora tua crimina plora*
> *Quicquid peccatur lacrimarum fonte lavatur.*

C'est-à-dire : « À ce havre de vie, venez, vous qui avez soif / En franchissant ces portes, corrigez vos mœurs / Toi qui entres ici, prie et pleure tes fautes / Quel que soit ton péché, il est lavé par la fontaine des larmes. »

À cette inscription s'ajoute sa date : « Bernard de Tréviers a fait cela l'an de l'incarnation du Seigneur 1178 ». Autrement dit, nous sommes à la fin du XIIe siècle.

Jacques Le Goff, dans un livre essentiel, *La Naissance du Purgatoire* (Paris, Gallimard, 1981), a montré que ce troisième lieu intermédiaire entre l'Enfer et le Ciel (le Paradis) a été imaginé et fait l'objet d'une croyance précisément tout au long du XIIe siècle. Progressivement épanouie en Occident dans l'église latine, cette croyance a été proclamée comme dogme en 1274, puis en 1438-1439, au concile de Ferrare-Florence, puis à Trente en 1563. Le triomphe poétique s'en est accompli, on le sait, à travers la *Divine Comédie* de Dante (début du XIVe siècle).

Cependant, il faut noter que ni l'église orthodoxe, ni après elle, les églises chrétiennes issues de la réforme (luthérienne, calviniste), pas plus que les églises évangéliques n'ont admis l'existence du Purgatoire. Pour la première cela tient à des questions de date : le dogme occidental est arrivé après le schisme, et seuls comptent pour elle les sept conciles vraiment œcuméniques, les seuls dont elle reconnaisse l'autorité. Et pour les suivantes, c'est à cause de l'absence de mention de ce lieu dans la Bible.

Pourtant je voudrais ici à l'occasion de mon inscription en faire l'éloge, car j'y vois comme je dis souvent une fiction instituante, ici une invention considérablement génératrice pour l'homme de confiance. En effet, longtemps les fidèles ont eu peur, comme nul d'entre eux n'était sûr d'aller directement en Paradis, d'aller automatiquement griller en Enfer, cette géhenne où sont « pleurs et grincements de dents » (Matthieu 8/12 ; 13/42 ; 13/50 ; 22/13 ; 24/51 ; 25/30). L'invention du troisième lieu leur a donné l'espoir d'un rachat, d'une période probatoire et expiatrice, propédeutique à l'accès au Ciel. Et c'est ce que je vois

Le Baptême des larmes

symboliquement dans le dernier vers magnifique du quatrain que j'ai cité : « Quel que soit ton péché, il est lavé par la fontaine des larmes. » Je ne dis pas qu'il fait référence explicitement au Purgatoire, mais je pense qu'il en restitue l'esprit, celui d'une rédemption possible par le repentir.

Je pense aussi à la très belle strophe du *Dies irae* (milieu du XIIe siècle), qui à côté des menaces qu'on connaît et familières à tout climat eschatologique, contient tout de même elle aussi deux promesses rassurantes, par quoi le pécheur n'est plus comme naguère définitivement écrasé : *Qui latronem exaudisti / Et Mariam absolvisti / Mihi quoque spem dedisti*. C'est-à-dire : « Toi qui as écouté le [bon] larron / Et qui as absous Marie [Madeleine] / À moi aussi tu as donné espoir. »

Ce n'est pas rien de donner ou redonner de l'espoir aux hommes, et ceux qui nient le Purgatoire tout autant que ce que j'appelle ici le baptême des larmes, sous prétexte que la Bible ne les mentionne pas, feraient bien d'y réfléchir.

Au reste, les deux épisodes que mentionne le *Dies irae* sont bel et bien évangéliques. Le pardon du bon larron est dans Luc 23/39-43. L'évangéliste s'inspire du « Il a été mis au nombre des criminels » du chapitre 53 d'Isaïe (verset 12), et par rapport à ce texte-matrice il invente l'existence du bon larron. C'est à ce dernier Jésus que dit : « Je te le dis en vérité : aujourd'hui tu seras avec moi dans le paradis. » (23/43) On peut comprendre d'ailleurs autrement cette phrase, les manuscrits anciens n'étant pas ponctués, ni les mots même séparés : « Je te le dis en vérité aujourd'hui : tu seras avec moi dans le paradis. » La première traduction en effet exclut la descente aux Enfers du Samedi saint, qui figure dans l'évangile apocryphe de Nicodème, et est devenu un dogme depuis le Symbole des Apôtres.

Comme je l'ai mentionné dans mon article *Fictions évangéliques*, repris dans le présent livre, d'autres inventions concernant les deux larrons ont suivi ensuite dans les apocryphes, où on les a nommés (Gestas le méchant et Dysmas le bon) et où on on a donné des détails sur eux. Où faut-il donc arrêter le texte ? Et le faut-il ? – De toute façon, ce pardon au bon larron est bien propre à donner espoir. Pourquoi d'en passer ?

Quant au pardon donné à Marie-Madeleine, il vient aussi de Luc 7/37-50. À propos de cette pécheresse qui baigne de ses larmes les pieds du Seigneur et les essuie avec ses cheveux, avant de les baiser et de les oindre de parfum, Jésus dit : « Ses nombreux péchés ont été pardonnés : car elle a beaucoup aimé. Mais celui à qui on pardonne peu aime peu. » (7/47) Admirable épisode : il y a une contagion de l'amour, qui passe par le pardon qu'on accorde. Si au contraire on refuse ce dernier, si l'on reste inflexible, l'autre reste le cœur sec et refermé sur lui-même.

Le Baptême des larmes

Le *Dies irae* aurait pu aussi mentionner le pardon donné au fils prodigue, toujours dans l'évangile de Luc (15/11-32). C'est un admirable récit de régénération par un changement d'état d'esprit (*metanoïa*), qui est un retour à Dieu, un repentir dans le cadre de la religion-lien, mais dans celui de la religion-relecture un retour à soi, à ce qu'on a de plus profond en soi, au Soi en soi : comme la kabbale juive le dit de la *téchouva* hébraïque, et comme aussi l'ont dit les gnostiques chrétiens. Pour reprendre l'idée qui sous-tend le présent livre, il s'agit d'un retour à la Lumière que chacun a en soi.

Suivant l'exemple de Marie-Madeleine, les écrivains romantiques du XIXe siècle ont développé ce thème de la courtisane repentie par l'amour. « Et l'amour m'a refait une virginité », écrit Hugo dans *Marion Delorme*. Voyez aussi, entre autres, *Splendeurs et misères des courtisanes* de Balzac, ou encore *La Dame aux camélias* d'Alexandre Dumas fils, dont Verdi a tiré *La Traviata* (La Dévoyée). – Bien sûr, les esprits chagrins diront qu'on mélange ici amour profane et amour sacré. Mais quelle importance, si l'être peut se régénérer en ouvrant son cœur ?

J'ai toujours associé le dernier vers du tympan de Maguelone à la dernière scène de *La Strada* de Fellini (1954) : après la mort de Gelsomina, son souffre-douleur, Zampano (joué par Anthony Quinn) reste seul sur la plage, agenouillé, et un admirable plan le montre commençant à pleurer. Alors oui, vraiment, tous ses péchés sont lavés par la fontaine des larmes. De même que le baptême dans son sens initial nous lave du péché originel, de même nos larmes nous lavent symboliquement de nos fautes. Les pleurant, nous devenons autres.

La Strada (Fellini), dernier plan (D.R.)
« C'est l'histoire d'un homme qui apprend à pleurer. »
(André Bazin)

Anthropologiquement parlant, la confiance est essentielle au développement des êtres et des groupes qu'ils forment. Alain Peyrefitte a écrit naguère un beau livre intitulé *La Société de confiance* (Odile Jacob, 1995). Il montre que tout développement, individuel et collectif, repose sur un indispensable éthos de la confiance. Il me semble peu charitable, au nom d'un littéralisme au reste discutable comme on vient de le voir, de refuser le Purgatoire (je me borne ici à considérer ce qu'il signifie pour l'homme, une nouvelle chance qui lui est donnée de faire sa résilience, de de rebondir, sens littéral du mot *résurrection*), sous prétexte qu'il ne se trouve pas dans le texte sacré. Même si des abus ont été commis à son sujet par l'Institution, avec par exemple l'abus des Indulgences contre lequel Luther s'est dressé, l'idée d'une rédemption par les pleurs est très belle.

Et quand bien même le texte sacré ne la contiendrait pas, ce qui n'est pas le cas comme je l'ai montré, elle serait justifiée par cela seul qu'elle est utile. Pleurer ses fautes n'est peut-être pas les annuler, mais pleurer est bénéfique : « Il pleure, donc il vit », dit Beckett dans *Fin de partie*. Laissons aux intégristes et aux littéralistes leurs scrupules : soyons plus ouverts à l'humain. Pleurer nous rend à Dieu pour les croyants, et nous remet en vie pour les autres.

Quidquid peccatur, lacrimarum fonte lavatur
« Tous les péchés sont lavés par la fontaine des larmes »

[Juillet-août 2011]

Le Christ compagnon

Je voudrais montrer qu'il n'a rien à voir avec ce *Christ pélican* dont j'ai parlé aussi dans un chapitre du présent livre, et on verra aisément qu'autant je prends mes distances avec celui-là, autant celui-ci a toute ma préférence.

Soit donc cette icône copte, qui se trouve au musée du Louvre, et qui représente le Christ (à droite) et l'abbé Ménas (à gauche). On note tout d'abord que les deux personnages ont sensiblement la même taille, et que donc il n'y a pas une position de domination du Christ, et de sujétion ou de soumission de l'abbé, son disciple. À peu de choses près (à quelques détails près, dont le traitement différent des deux auréoles), ils sont sur un pied d'égalité. Le Christ tient dans sa main gauche un livre, et aux riches ornements de la couverture on devine qu'il s'agit du Livre par excellence, la Bible (ce mot signifie *Livre*, d'après le grec). L'abbé tient dans sa main gauche un rouleau, un *volumen*, de bien plus petite importance : comme si un peu du contenu du grand Livre, qui est un codex (un livre relié, plus fourni en pages), était passé dans ce rouleau, de maniement plus aisé. La main droite de Jésus se pose sur l'épaule droite de l'abbé, en geste d'accompagnement et de camaraderie. Celui-ci, de sa main droite, soit fait un geste traditionnel de bénédiction, soit désigne le compagnon qu'ainsi il pourrait remercier. Mais les deux personnages ne se regardent pas l'un l'autre, on est au-delà de la psychologie ou du sentimentalisme : la *psychè*, l'âme, les sentiments ordinaires, n'ont rien à voir avec l'esprit, le *pneûma*. Ils sont présentés de façon frontale, et leur regard aux yeux démesurément agrandis, quasi hypnotique ou hypnotisant comme il est de règle dans les icônes, semble fixer le chemin qu'ils ont à parcourir ensemble.

Il me semble que cette icône donne de Jésus la meilleure image qui soit : celui d'un enseignant, d'un interprète ou exégète du Livre, qui nous indique ce qu'on peut y voir, nous encourage à cheminer en sa compagnie, et éclairés par ses conseils, que nous pouvons ou pourrons toujours

Le Christ compagnon

nous remémorer à l'intérieur de nous-mêmes. C'est ainsi que le voient, une fois qu'il les a quittés, les pèlerins d'Emmaüs dans l'évangile de Luc : « Et ils se dirent l'un à l'autre : 'Notre cœur ne brûlait-il pas au-dedans de nous, lorsqu'il nous parlait en chemin et nous expliquait les Écritures ?' » (24/32) Jésus parle en chemin (*en tê hodô*) et explique ou littéralement ouvre (*anoigei*) les Écritures. C'est une voix qui montre la voie.

Et comme le disent les pèlerins il s'adresse au centre de nous-mêmes, au plus profond de notre cœur, ce qui se marque dans l'icône par la généralisation de la perspective inversée : voyez le traitement ici du Livre dans la main de Jésus, par exemple : il met au défi toutes nos lois de la perspective occidentale, qui depuis la Renaissance troue la toile pour nous faire sortir hors de nous-mêmes, nous décentrer vers un point de fuite situé loin de nous. Art du détournement ou du divertissement loin de soi (*divertere* : détourner). Au contraire l'inversion de la perspective situe le point de fuite en avant de l'image, en direction de notre cœur : à l'écoute du message qui nous est proposé nous nous recueillons en nous-mêmes, nous retrouvons notre propre centre. Alors nous revenons à nous-mêmes, nous opérons notre conversion ou notre retour (*convertere* : retourner ; *converti* : faire retour).

Ainsi l'espace peut se déployer, s'ouvrir davantage devant le spectateur-sujet (**S** <), au lieu d'être bloqué par son regard immobile, comme c'est le cas dans les tableaux issus de la Renaissance italienne, troués par le point de fuite qui tyrannise et fige le regard (**S >**).

L'espace en fait ici n'est pas celui que nos yeux voient, mais un espace intérieur, qui se déploie à partir du centre de l'être, du plus profond du cœur. La représentation ici n'est pas naturaliste, mais symbolique : le sens est entièrement spirituel. Au reste le fond d'or aussi supprimerait pour nous, s'il en était besoin, toute distraction de l'essentiel.

Initialement Jésus est appelé *rabbi*, ce qui traduit en grec est *didaskalos*, et en latin *magister* : Jean 1/38. Le nom désigne simplement un enseignant, comme le montre le mot de *rabbin*, qui désigne chez les Juifs un interprète de la Thora. J'ai parlé d'exégète en commençant. Un exégète, c'est celui qui explique. C'est ce mot qui caractérise Jésus à la fin du prologue de l'évangile de Jean : « Dieu, c'est un fait que personne ne l'a jamais vu. Le Fils unique, qui est tourné vers le sein du Père, nous l'expliqua (*exègèsato*) » (1/18).

Méfiez-vous ici de certaines traductions inexactes ou équivoques. Pour cet *exègèsato* on trouve parfois chez nous : « nous l'a fait connaître », ce qui contient à y bien réfléchir un risque d'idolâtrie. On peut en effet y comprendre : l'a matérialisé à nos yeux, l'a incarné devant nous. Le simple interprète du départ pourra devenir alors un Dieu incarné, ce qu'il sera effectivement plus tard. Et que dire de la traduction que Chouraqui fait de cet *exègèsato* : « Il entraîne » ! Bien sûr pour ce faire il rapproche *exègeîsthai* de *hègeîsthai*, commander, diriger : voyez « hégémonie », par exemple. Mais enfin on sait qu'il faut se méfier des emballements pulsionnels et irréfléchis, que les guides ou conducteurs de peuples, qu'on les nomme *Führer* ou *Duce*, sont de bien fâcheuse mémoire…

Jésus était bien à l'origine notre instituteur, notre Enseigneur. Malheureusement il ne l'est pas resté. Bien vite notre Enseigneur est devenu notre Seigneur, à qui on nous a appris à faire allégeance et soumission. On a adoré comme un Dieu celui qui au départ n'était qu'un interprète de Dieu.

Le mythe paulinien aussi s'est greffé là-dessus : le Christ nous a sauvés en répandant son sang. Le sacrifice salvateur, la parole de la croix ou la prédication à son sujet (comme si un objet pouvait parler, ou bien si on pouvait le faire parler !), ont supplanté l'ouverture de l'esprit, l'écoute d'une vraie parole pourtant, le profit tiré d'un vrai enseignement.

Est apparu ce Christ pélican dont j'ai parlé aussi dans un chapitre de ce livre, qui nous nourrit dramatiquement et eucharistiquement de sa propre chair. Vis-à-vis de cet être qu'on a dit de même substance que Dieu, au Concile de Nicée en 325, on a mêlé ensemble l'effectif du rattachement et l'affectif de l'attachement. Sont apparues alors d'une part la majesté d'un dieu qui écrase et justifie toutes nos peurs à son égard, et de l'autre l'émotion qui brouille le regard, le dolorisme, le sentimentalisme, etc., toutes choses totalement absentes de notre icône.

Au fond, la divinisation de Jésus a pu conduire à désamorcer son message. Une grande partie de son enseignement était une exigence de justice, comme il se voit dans les passages évangéliques des Béatitudes. Mais dès lors qu'il est devenu un Dieu, les fidèles n'ont plus eu de modèle humain, proche d'eux, pour lutter dans leur vie en suivant ses traces : devant un Dieu on n'a plus qu'à baisser la tête. Et aussi devant ses représentants sur la terre, qui parlent en son nom.

Beaucoup de cadeaux sont empoisonnés, et comme il y a des promotions-canapé, il y a des promotions-placard : ainsi d'un syndicaliste qui gêne, on fait un ministre, qui ne dérangera plus. La divinisation d'un Jésus prophète a pu être une façon de supprimer ce qui socialement gênait dans son message, et de vérifier l'adage : *Promoveatur ut amoveatur !* – Qu'il soit promu pourvu qu'on s'en débarrasse ! Et ce fut aussi une façon de maintenir le peuple fidèle dans l'assujettissement, l'infantilisation, ce qu'en termes psychologiques on nomme une régression.

Le Christ compagnon

Avoir au contraire un compagnon aux côtés duquel nous marchons, qui nous explique les choses, nous transmet son savoir et son esprit, son souffle, que souhaiter de mieux ? Accompagner se dit en grec *akoloutheîn*, d'où vient le français *acolyte*. Ce mot est formé d'un *a* copulatif, et de *keleuthos*, le chemin. Or vous remarquerez que ce mot du grec néotestamentaire est toujours traduit chez nous non pas par « accompagner », mais par « suivre ». Ainsi dans l'évangile de Luc le disciple de Jésus est invité par celui-ci à « renoncer à lui-même et à l'accompagner (*akoloutheîn*) » (9/23 : je cite seulement le texte initial, en laissant de côté exprès : « prendre sa croix chaque jour », qui sont des ajouts doloristes ultérieurs). Mais nos traductions habituelles pour *akoloutheîn* portent : suivre. – Voyez aussi Jean 13/37, etc.

Pourquoi en est-il ainsi ? C'est peut-être à cause de l'influence de la Vulgate, Jérôme traduisant toujours *akoloutheîn* par *sequi*, qui effectivement ne veut dire que suivre (accompagner se dirait en latin *comitari*). De la sorte cette option a fait des disciples de Jésus des suiveurs, et pourquoi pas ensuite, une fois prise l'habitude de suivre, des sectateurs (de *sectari*, fréquentatif de *sequi*), et même à l'arrivée des sectaires ? Heureusement que notre icône n'est pas dans ce cas, et ne nous montre en Jésus qu'un compagnon de route, sans doute plus avancé que nous en connaissance, mais en aucune façon un chef ou un gourou à suivre aveuglément, ou à diviniser. Ne soyons pas idolâtres. On dit fort bien en Orient : « Si vous rencontrez Bouddha, tuez-le ! » Il en est de même de Jésus. Comme d'autres d'ailleurs, il nous montre un chemin. De lui nous sentons, sinon comme ici sa main fraternellement posée contre notre épaule, au moins au fond de nous-mêmes, le son secret de sa voix.

[Novembre-décembre 2007]

Voir aussi :

Le Royaume intérieur
(Luc 17/21)

Il y a un passage de l'évangile de Luc que je trouve la plupart du temps mal traduit, au point que toutes les fois qu'il m'arrive d'ouvrir une traduction française de la Bible je m'y reporte toujours pour me faire une idée de sa valeur. Cela me sert chaque fois de test, dans mes pérégrinations chez les libraires, les bouquinistes, et même, parfois à leur étonnement et parfois à leur dam, quand j'explore la bibliothèque de mes amis : mais chaque fois je pense, ou j'espère, qu'ils ne m'en tiendront pas rigueur !

C'est le verset 21 du chapitre 17. Le texte reçu, qui ne comporte aucune variante, porte : « Le royaume est à l'intérieur de vous. » C'est un fait que l'original grec *entos humôn*, de même que son exacte traduction latine dans la Vulgate *intra vos*, n'ont jamais signifié autre chose qu'« à l'intérieur de vous » ou « en vous ». Or on trouve çà et là : « au milieu de vous » (Bibles Segond, Ostervald, Darby, Bible de Jérusalem, Bible en français courant), « parmi vous » (Bible du Semeur, TOB). Manifestement ces traductions ne veulent pas d'un royaume seulement intérieur, et lui préfèrent un royaume vécu en communauté ou en société. Quant à la TOB, elle a bien vu qu'il y avait là problème, puisqu'elle ajoute en note à sa traduction : « On traduit parfois : *en vous*, mais cette traduction a l'inconvénient de faire du Règne de Dieu une réalité seulement intérieure et privée. » Autrement dit, on fait passer allégrement l'idéologie avant la philologie, et quand le texte gêne, on le change ! Heureusement que nous ne sommes plus à l'époque où l'on brûlait les hérétiques : c'est le supplice qui fut infligé à Giordano Bruno, en 1600, pour avoir dit expressément que « Dieu est en nous, ou nulle part », donc pour avoir bien compris le verset 21 du chapitre 17 de Luc.

D'heureuses corrections ont tout de même été apportées récemment à ces traductions idéologiques et faussées. Ainsi on peut enfin trouver : « le royaume de Dieu est au-dedans de vous. » (Bible Segond révisée, dite Colombe), « le Règne de Dieu a déjà commencé : il est en vous. » (Bible Parole vivante). Cette dernière traduction est bien sûr une explicitation, fort hardie, mais au fond fort pertinente, si l'on songe à quelques logia de l'Évangile selon Thomas, qui correspondent parfaitement à notre passage et au type d'enseignement qu'il transmet : « Le Royaume est le dedans de vous » (3/7), « Ce que vous attendez est venu, mais vous, vous ne le connaissez pas » (51/7-8), « Le royaume du Père s'étend sur la terre et les hommes ne le voient pas » (113). C'est exactement ce qu'on lit dans le texte reçu de Luc 17, aux versets 20 et 21. Tout se passe comme s'il y avait là un fonds commun, un enseignement de sagesse prônant une introversion, une réunion à soi, non pas l'attente de quelque chose de nouveau, mais la restauration ou le rétablissement de quelque chose de perdu. « Les disciples dirent à Jésus : 'Dis-nous comment sera notre fin ?' Jésus dit : 'Avez-vous donc dévoilé le commencement pour que vous vous préoccupiez de la fin, car là où est le commencement, là sera la fin.' » (Évangile selon Thomas, logion 18)

Malheureusement pour moi, mais sans doute heureusement pour d'autres, ce type de pensée est suivi dans l'ensemble du passage lucanien par de tout autres perspectives qui pourront le faire vite oublier. L'une, apocalyptique et messianique, inspirée du livre de Daniel, remplace le royaume intérieur et invisible du verset 21, déjà présent ici et maintenant, *hic et nunc*, par une vision effective celle-là du Jugement projeté dans le futur, Jour du Jugement dernier ou comme on dit Jour de colère (*Dies irae*) : « Comme l'éclair en jaillissant brille d'un bout à l'autre de l'horizon, ainsi sera le Fils de l'homme lors de son Jour » (24). Et l'autre, doloriste et sacrificielle, est évidemment inspirée de Paul, qui reprend ou plutôt utilise à sa propre façon le « Serviteur souffrant » du chapitre 53 d'Isaïe : « Mais auparavant il faut qu'il souffre beaucoup et qu'il soit rejeté par cette génération » (25). Étranger à de telles perspectives, je ne peux m'empêcher de regretter que l'évangéliste ne se soit pas appliqué à lui-même le précepte qu'il met ailleurs dans la bouche de Jésus : « Personne ne déchire un morceau dans un vêtement neuf pour mettre une pièce à un vieux vêtement ; sinon, et on aura déchiré le neuf et la pièce tirée du neuf n'ira pas avec le vieux. » (5/36)

Dans ma région du midi, il y a un proverbe qui court : « À force de pétasser, on perd le drap ». Je rêve que quelqu'un un jour écrive *L'Évangile comme rapetassage*. Je ne me fais tout de même pas trop d'illusions là-dessus. Certains, malgré la vision évidente du patchwork en certains passages, continueront de parler de l'*inerrance* biblique (la Bible ne se trompe pas), en vertu de son origine divine ou inspirée : comme s'il n'était pas assez que parfois elle nous inspire ! Et il est même des pays où le Président jure sur la Bible avant d'entrer en fonction : peut-on jurer sur un texte dont des passages sont si décousus, disparates, sans unité ?

Cependant il serait très facile de montrer que le texte reçu capte des traditions et des enseignements fort différents, qu'il faut beaucoup de bonne volonté pour accorder ou faire concorder entre eux. Le beau livre de Jeremias, *Les Paraboles de Jésus*, montre bien que des paroles appartenant à tel contexte primitif d'énonciation, ce qu'il appelle un contexte primaire, ont été ensuite recyclées, réutilisées dans un tout autre contexte, qu'il nomme secondaire, à des fins catéchétiques, d'encadrement et de direction des fidèles. Le sens en a été gauchi, faussé la plupart du temps. C'est même miracle que ce verset 21 nous reste, tout irradiant de pureté et de lumière, pour nous faire voir Jésus non un Prophète menaçant ou un Messie souffrant, mais un Maître de sagesse, prônant le retour à l'intériorité.

Vu de dehors, un vitrail est bien terne, aplati par la banale lumière du jour. Mais le même vu de dedans, et exactement au même moment, devient merveilleux et magique. C'est ce que l'on voit dans l'image ci-dessus, qui unit deux photos que j'ai prises à l'Ermitage de Belloch en Cerdagne, dans les Pyrénées Orientales : elle montre les deux visions en les juxtaposant. Voici donc la leçon que j'en tire : de même qu'il faut entrer à l'intérieur de l'église pour avoir le vrai éblouissement du vitrail, de même il faut entrer ou plutôt rentrer en soi pour retrouver l'essentiel, la vraie lumière. La merveille est à l'intérieur – de moi, de nous, de vous : *entos humôn*, comme dit Luc du Royaume.

J'ai montré ailleurs, par exemple dans mon ouvrage *La Source intérieure* (éd. BoD, 2017), que cette réunion à soi n'est pas du tout narcissique et égocentrée, qu'elle ne récuse pas malgré ce qu'on pourrait croire le contact des autres, mais qu'au contraire bien plutôt elle le favorise, elle lui permet de se développer sur de meilleures bases. Certes l'intériorité n'a pas bonne presse aujourd'hui, en une période d'agitation et d'extraversion, je dirai de divertissement au sens latin et pascalien : de détournement de soi. Mais celui qui se fuit lui-même ne peut s'ouvrir réellement aux autres : la plupart du temps il les utilise, les instrumentalise et les manipule pour tirer d'eux une vie d'emprunt, en fait pour fuir sa solitude.

La plupart des hommes vivent pour eux-mêmes et par les autres, alors qu'il faudrait vivre

Le Royaume intérieur

par soi-même et pour les autres. Je veux dire réuni à soi d'abord, et ouvert aux autres ensuite. Seul celui qui a trouvé, en solitude, sa Source ou son Royaume intérieur peut nouer avec les autres des relations harmonieuses, exemptes de ce qui les parasite et les adultère souvent : le sacrifice ou l'oubli de soi, qu'on fait payer cher à autrui, tôt ou tard, de toute façon. Les injonctions socialisantes, d'où qu'elles viennent et quelles qu'en soient les motivations, oublient ce fait pourtant élémentaire : seul celui qui sait s'aimer vraiment peut aimer les autres, son prochain – *comme lui-même*.

[Janvier-février 2008]

Revenir à soi

Rembrandt, *Le Retour du fils prodigue* (1669) - D.R.

« Revenir à soi », ou absolument « revenir », signifie depuis le 13ᵉ siècle, d'après Le Robert, « reprendre conscience, reprendre ses esprits ». Le sens est donc strictement biologique. Mais si ici, comme souvent, j'essayais de trouver dans cette expression un sens plus profond, symbolique, comme faire retour, au fond de soi-même, à ce qu'on a de plus précieux, sa vraie nature ? En somme, passer de « retrouver ses esprits », à « retrouver l'Esprit » – en soi…

Revenir à soi

Assurément le souci de soi a mauvaise presse chez nous, parce qu'on y voit intérêt exagéré porté à soi-même, narcissisme de mauvais aloi. On nous prêche au contraire le souci de l'autre, l'altruisme. L'influence chrétienne, avec sa valorisation fréquente du sacrifice de soi au profit d'autrui, est évidente. Le mot même d'égoïsme est volontiers vu comme péjoratif. Le même dictionnaire Robert, pourtant laïque d'inspiration, le définit comme : « Disposition à parler trop de soi, à se citer sans cesse, à rapporter tout à soi. » Ou encore : « Attachement excessif à soi-même qui fait que l'on subordonne l'intérêt d'autrui à son propre intérêt. » Si grands sont les réflexes culturels, modelés par une *doxa* qui fut originairement religieuse !

Cependant on oublie que le texte de la Bible juive d'abord, néotestamentaire ensuite enjoint lui-même d'aimer son prochain « comme soi-même » : Lévitique 19/18 – Matthieu 19/19 et 22/39 ; Marc 12/31 ; Luc 10/27 ; Romains 13/9 ; Galates 5/14 ; Jacques 2/8. Si donc on ne s'aime pas soi-même, comment peut-on prétendre aimer son prochain ? Suivant le mot malicieux de Valéry : « Si le moi est haïssable, aimer son prochain comme soi-même devient une atroce ironie. »

En vérité, on confond fâcheusement égoïsme et égocentrisme, à commencer par ce même dictionnaire Robert, qui renvoie le premier au second, comme s'ils étaient synonymes ! L'égoïsme

Revenir à soi

est le fait de penser à soi, et n'est pas forcément un défaut, tandis que l'égocentrisme, qui consiste à ne penser qu'à soi, à tout ramener à soi, en est bien un. Le souci de soi, dans toutes les traditions spirituelles, n'est pas anathématisé : ce qu'elles critiquent, c'est seulement la survalorisation de l'ego, sa paranoïa – précisément l'égocentrisme. La sagesse populaire aussi le dit très bien : « Qui n'est bon pour soi, n'est bon pour personne. »

Il y a aussi un souci de l'autre qui n'est qu'une fuite loin de soi-même, un éloignement ou un écartement de soi, un divertissement au sens pascalien (*divertere* : détourner), qui ne garantit pas du tout que la relation à l'autre soit de bonne qualité. Comment un être qui se fuit lui-même, qui se détourne de soi, peut-il vraiment venir en aide à l'autre, ainsi réduit à un rôle d'écran entre soi et soi ? Comme dit le proverbe latin : *Medice, sana te ipsum* – Médecin, soigne toi toi-même. Comprenons : Soigne-toi *d'abord* toi-même. Ce proverbe est mis dans la bouche de Jésus, en langue grecque, en Luc 4/23.

Ce souci de soi se trouve d'abord dans la Bible juive. Ainsi le Seigneur-Dieu dit-il à Abraham : « Va pour toi, loin de ton pays, de ta patrie, et de la maison de ton père, dans le pays que je te montrerai… » (Genèse 12/1) Ce « Va pour toi » figure dans la traduction de Chouraqui, mais pas dans la Septante, ni dans la Vulgate, ni dans la grande majorité de nos traductions françaises, qui l'ignorent. L'expression hébraïque est *Lekh Lekha*, et loin d'être simplement un intensif comme on peut le croire, elle vise, dit Chouraqui, le bien du destinataire.

On le retrouve dans le Cantique des Cantiques, où la Bien-aimée dit de son Amant : « Il répond, mon amant, et me dit : 'Lève-toi vers toi-même, ma compagne, ma belle, et va vers toi-même !' » (2/10) « Lève-toi vers toi-même... Va vers toi-même » : c'est ainsi que Chouraqui encore traduit le *Lekh Lekha*. – Par parenthèse, que peut désirer de mieux une femme que d'être ainsi appelée, par son amant, à « aller vers elle-même », à être, à l'*akmè* du plaisir même, *révélée* à elle-même ? C'est une magnifique leçon d'érotisme qui est ici donnée aux amants...

Mais par-delà cette signification particulière, une grande leçon spirituelle peut être tirée de ce *Lekh Lekha*. Pour l'éclairer, je me reporterai à la magnifique parabole, très connue, de l'Enfant prodigue dans l'évangile de Luc. On sait qu'ayant gaspillé tout son héritage avec des femmes de mauvaise vie, et mourant de faim, il en vient finalement à faire retour sur lui-même, donc précisément à *revenir à lui* : « Étant rentré en lui-même, il se dit : 'Combien de mercenaires chez mon père ont du pain en abondance, et moi, ici, je meurs de faim ! Je me lèverai, j'irai vers mon père, et je lui dirai : 'Mon père, j'ai péché contre le ciel et contre toi, je ne suis plus digne d'être appelé ton fils ; traite-moi comme l'un de tes mercenaires...' » (15/17-19) Pour ce « étant rentré en lui-même », le grec a : *eis heauton elthôn*, et le latin de la Vulgate : *in se autem reversus*. C'est donc bien d'une réversion, d'un retour à soi qu'il s'agit.

Derrière cette expression, on peut toujours lire en filigrane le *Lekh Lekha* hébreu. On sait que pour certains les mots essentiels de l'évangile grec ne font que transcrire des mots et notions hébraïques, sans lesquels ils sont incompréhensibles.

Je ne me prononcerai pas ici sur la nécessité ou non de faire pour le Nouveau Testament une rétroversion du grec vers l'hébreu. Au demeurant, notre tradition occidentale aussi connaît le retour à soi. Ainsi Auguste dans *Cinna* de Corneille commence son fameux monologue par : « Rentre en toi-même, Octave, et cesse de te plaindre / Quoi, tu veux qu'on t'épargne, et n'as rien épargné !... » Ces moments d'introspection sont toujours l'occasion de faire une salutaire prise de conscience. Que serait une action sans réflexion préalable ? Quelque chose comme, dans le métier des armes, tirer sans viser...

Dans le cas de l'Enfant prodigue, le retour à soi permet une magnifique résurrection, au sens littéral du mot, puisque tout de suite après être revenu à lui, il dit : « Je me lèverai, j'irai vers mon père, et je lui dirai... » Résurrection renvoie à *resurgere*, qui veut dire se mettre debout, se redresser. Là encore, le « Lève-toi » biblique peut être lu en filigrane. D'autres, comme Boris Cyrulnik, parleraient ici de résilience, cette capacité qu'a l'être humain de rebondir après les épreuves. De toute façon, ce récit est bien celui d'une résurrection spirituelle, après une mort préalablement connue. C'est ce que dit le père de l'Enfant prodigue, à la fin de l'épisode : « Mon fils que voici était mort, et il est revenu à la vie ; il était perdu, et il est retrouvé. » (15/24 et 15/32)

Chouraqui dit même pour Luc 15/32 : « Il ressuscite ». Ce type de résurrection est bien plus proche de nous, bien plus impliquant, que la résurrection même du Christ comprise, selon le schéma dominant, comme la réanimation miraculeuse d'un cadavre. En effet dans la vie nous mourons plusieurs fois, portant le deuil de tels de nos proches, ou blessés dans notre narcissisme, ou abandonnés par des êtres qui nous furent chers, ou, chose peut-être plus tragique, désertés par l'amour même que nous leur avons porté. Comment trouvons-nous le courage d'y survivre, là est il me semble le véritable miracle.

Il existe d'ailleurs un christianisme qui ne s'axe pas sur l'événement pascal, c'est celui de la gnose. On lit dans l'évangile selon Philippe : « Ceux qui disent que le Sauveur est mort puis est ressuscité se trompent. En réalité, il est d'abord ressuscité, puis il est mort. » Autrement dit l'important est d'échapper à la mort dès cette vie-ci : à côté de la résurrection spirituelle, la mort physique, qui clôt simplement la vie biologique, a bien peu d'importance.

Dans la traduction de la Vulgate, pour « mon fils était mort », on trouve *perierat*. Dans ce mot, comme dans le français périr, il y a *ire*, aller. Pourquoi ne pas voir dans cette mort une erreur de chemin ? L'Enfant prodigue aurait fait fausse route. Maintenant il est « revenu à la vie », et j'aime bien cette expression française, où la vie est plus importante que celui qui en jouit – toujours provisoirement. J'aime bien aussi l'expression : « rendre quelqu'un à la vie », et je pense que les dictionnaires qui, comme le Petit Larousse, y voient une hypallage et proposent de la remplacer par « rendre la vie à quelqu'un », se trompent : la vie est toujours plus large et débordante que tout vivant, et on en est plus dépositaire, usufruitier ou locataire que propriétaire.

Maintenant, pour reprendre l'exemple de l'Enfant prodigue, à quoi ou à qui fait-on retour dans l'opération de conversion ? La conversion est un retournement (latin *converti* : se retourner), et un changement d'état d'esprit. En grec, le mot est *metanoïa*. Les traductions moralisantes très fréquentes du Nouveau Testament rendent ce mot par *paenitentia*, pénitence. On peut y voir à mon avis autre chose, d'ordre plus métaphysique que moral : la *metanoïa* est le contraire de la paranoïa qui survalorise l'ego – ce que précisément j'ai appelé plus haut l'égocentrisme. Pour porter des fruits, dit l'évangile de Jean, le grain de blé tombé en terre doit mourir (12/24). Plutôt que l'invitation au sacrifice, avec ses implications doloristes habituelles et son instrumentalisation toujours possible vers le martyre, je vois ici la nécessité de mourir à soi, bien sûr, mais pour s'ouvrir, en soi, à plus grand que soi. Jung appelait Soi ce point où l'être perd toute centralité pour, n'étant plus rien, devenir tout. Tel le nageur qui devient la vague qui le porte. C'est le sens aussi du « Meurs et deviens » de Goethe, qui est souvent médité en franc-maçonnerie.

Quand donc on parle de « revenir à soi », il faut bien distinguer en quelque sorte deux « sois » : le petit ego, qui doit être dépassé, et l'image du Soi que chacun porte en soi, qu'on a peut-être perdue dans la vie empirique, mais qu'il ne s'agit que de retrouver dans des moments décisifs d'introspection. C'est à cette dernière image qu'il faut faire retour.

L'évangile selon Thomas parle bien de ce modèle intérieur essentiel, et donateur d'essence : « Jésus a dit : 'Les jours où vous voyez à qui vous ressemblez vous vous réjouissez. Mais lorsque vous verrez vos modèles qui au commencement étaient en vous, qui ne meurent ni ne se manifestent, qu'est-ce que vous supporterez !' » (logion 84)

Revenir à soi

Tout l'évangile selon Thomas est basé sur un archétype stylistique majeur, celui de l'antanaclase, qui consiste à répéter un mot ou une expression en lui donnant chaque fois un sens différent. Ainsi si je dis : « Je ne suis pas ce que je suis », j'oppose une essence à un accident : « Je ne suis pas (essentiellement) ce que je suis (accidentellement ou ordinairement). » Derrière la ressemblance empirique, qui flatte certes notre narcissisme, mais de façon tout à fait superficielle, il faut voir le modèle essentiel ou instituant, lui seul important. C'est cela profondément revenir à soi. Revenir au soi essentiel, en abandonnant le soi accidentel. D'ailleurs une expression comme : « Je ne suis pas moi-même » ne dit-elle pas la même chose ? Il faut comprendre : Je ne suis pas vraiment ce que je peux être profondément – sous-entendu : une fois réuni à moi-même, à mon moi essentiel.

Ce processus est un retour, car les modèles instituants, selon l'expression de l'évangile selon Thomas, « au commencement étaient en nous, et ne meurent ni ne se manifestent ». À rapprocher de : « Jésus a dit : 'Heureux celui qui était déjà avant qu'il n'existe…' » (logion 19) Voyez aussi le logion 51, qui ruine toute idée d'eschatologie : « Ses disciples lui dirent : 'Quel jour le repos de ceux qui sont morts arrivera-t-il ? Et quel jour le monde nouveau viendra-t-il ?' Il leur dit : 'Ce que vous attendez est venu, mais vous, vous ne le connaissez pas.' » Ou encore : « Ses disciples lui dirent : 'Le Royaume, quel jour viendra-t-il ?' 'Il ne provient pas d'une attente. On ne dira pas : Voici il est ici ! ou : Voilà il est là ! Mais le royaume du Père s'étend sur la terre et les hommes ne le voient pas.' » (logion 113)

L'eschatologie colore encore le christianisme dominant. Mais elle peut toujours être instrumentalisée à son profit par le clergé, qui assoit son influence sur les peurs qu'elle permet : voyez par exemple le terrorisant *Dies irae*. Et de la même façon elle a le tort, par les passions irrationnelles qu'elle inspire (espoir et crainte) de décentrer l'être loin de lui-même, et loin du moment présent. Si au contraire revenir à soi équivaut à redevenir soi, la recherche peut se faire *hic et nunc*, individuellement et en solitude. Notez ici, ce qui est très important, que l'ouverture à la vie sociale s'en trouve ensuite favorisée. Seul celui qui s'est trouvé, centré, réuni à lui-même, peut retrouver les autres. De solitaire d'abord, devenir à la fin solidaire.

Dans la tradition juive, la réalisation véritable de l'être se fait aussi par l'intermédiaire d'un retour à une origine parfois oubliée ou enfuie, mais enfouie au fond de soi. Ce retour s'appelle en hébreu *téchouva*. Il y en a deux : la *téchouva* je dirai « de bas étage », qui correspond exactement à la pénitence que j'ai mentionnée plus haut : J'ai fauté, et je m'en repens auprès de Dieu. Et la *té-*

chouva que je dirai « mystique », qui correspond au retour à soi, au Soi en soi, que j'analyse ici : Je reviens à la maison, chez moi, au plus profond de moi – comme l'Enfant prodigue lucanien. On pense aussi à ce mot : « Maison » prononcé par *E.T.* dans le film de Spielberg. C'est surtout la tradition ésotérique juive, celle par exemple de la kabbale (l'équivalent juif de la gnose chrétienne), qui a développé cette seconde vision. Et c'est ce sens particulier de la *téchouva* qui est le substrat hébreu de la *metanoïa* que je défends ici.

Au fond, tout se passe comme si notre évangile « hérétique » de Thomas renouait avec une tradition éternelle et transculturelle, que l'Institution a condamnée, tout simplement parce qu'elle pouvait très bien se passer d'elle et de sa médiation. Ici comme très souvent l'enjeu a été la direction du troupeau, et la question essentielle a été celle du pouvoir.

Rembrandt, *idem* – détail

[janvier-février 2012]

Saint Christophe, ou l'Enfant salvateur

Saint Christophe, selon son nom en grec, est celui qui porte le Christ : *Khristophoros*. Ici on le voit, dans ce tableau de Ribera (1637) figurant au Musée du Prado à Madrid, tournant la tête pour regarder son petit passager, qu'il porte sur son épaule. Selon la légende, il exerçait la profession de passeur, comparable en cela à d'autres personnages passeurs de la mythologie païenne, qui étaient chargés de conduire les âmes dans l'autre monde, et pour cela étaient appelés *psychopompes* : Apollon, Charon, Hermès, Orphée... Seulement ce n'est pas dans l'autre monde que Christophe conduisit le Christ. On dit qu'un jour il fit simplement traverser une rivière à gué à l'Enfant Jésus, et qu'au milieu du gué il se plaignit même du poids qu'il avait à porter. C'était, dit-il, comme s'il portait le monde sur son épaule : on pense ici évidemment à Atlas, à qui ce rôle était échu. Mais alors l'Enfant répondit à Christophe : « Ne t'étonne pas de ce poids que tu sens, car si tu ne

Saint Christophe, ou l'Enfant salvateur

portes pas le monde, tu portes celui qui a créé le monde. » Effectivement on lit dans le Credo de Nicée que par le Christ toutes choses ont été créées. Aussi le voit-on sur le tableau tenant dans sa main gauche le globe terrestre – ce qui évidemment suffirait à dater l'œuvre : elle n'a pu être peinte que lorsqu'on a admis la rotondité de la terre. L'Église qui a condamné Galilée a donc été obligée d'admettre tout de même, dans ses programmes iconographiques, la figuration d'une terre ronde, comme un globe. Mais elle a encore pour longtemps assimilé ce globe au monde lui-même, ce qui ne laisse pas de faire sourire les savants, pour qui l'univers est infini.

À partir de cette légende, on comprend que saint Christophe puisse protéger les voyageurs des dangers de la route. Combien de médailles, d'effigies, d'images de ce saint ont été offertes, ou sollicitées, pour éviter les accidents ! N'oublions pas qu'*image* est l'anagramme de *magie*. Christophe est l'Assureur par excellence. Les proverbes pullulent à son égard : « Regarde saint Christophe, et fais ta route ! » Ou encore : « Qui a vu le matin, en commençant sa journée, une image de saint Christophe sera épargné de la male mort. » Cette *male mort* est la mort subite, celle à laquelle on n'a pas pu se préparer. Ce peut être la mort violente, comme disent les dictionnaires. Il faut savoir en tout cas qu'au rebours de l'époque actuelle, où on cherche à mourir sans en avoir

Saint Christophe, ou l'Enfant salvateur

conscience, à l'improviste et en quelque sorte à l'insu de soi-même (signe des temps !), autrefois le pire des sorts était que la mort survînt sans que l'on s'y fût au préalable préparé, par la confession par exemple : tant étaient redoutées pour après la mort les peines qui nous étaient réservées, si l'on n'était pas mort en règle avec Dieu !

On peut se demander maintenant pourquoi je fais si grand cas, pour l'avoir choisie, de cette image. Je ne pense pas être particulièrement crédule ou superstitieux, encore que je ne sais pas si je passerais volontiers sous une échelle (brisant ainsi le triangle sacré, symbole trinitaire, qu'elle forme avec le mur et le sol), ou si je ne croiserais pas les doigts ou ne toucherais pas du bois (en souvenir inconscient de la croix) pour me porter chance dans telle épreuve ou telle passe difficile de ma vie ! Il ne faut pas se faire plus brave qu'on ne l'est. En réalité, cette image me parle, parce qu'elle me dit l'essentiel de notre destin. L'homme mûr porte l'enfant, il semble l'amener quelque part, le faire bénéficier de sa force physique, mais en réalité c'est cet enfant qui le guide, qui lui dit où il doit aller : admirable position prévenante de la petite main potelée sur le front ridé. Pour moi, les deux personnages, et l'homme mûr et l'enfant, sont en réalité une seule et même personne. Cet enfant que porte l'homme est tout simplement l'enfant qu'il a été, l'enfant en lui encore et toujours, l'enfant salvateur : le *puer aeternus* de toutes les spiritualités et sagesses du monde. Nous sommes tous des saint Christophe : nous portons en nous l'enfant qui nous guidera, si nous savons l'interroger, le regarder comme le fait le personnage du tableau.

Arrivés à mi-vie, par exemple, nous nous demandons à quoi sert tout ce parcours d'affirmation (parcours social essentiellement) que nous avons fait, si nous n'y trouvons que sécheresse, désert spirituel, fossilisation, machinalité. Lorsque ce que Jung appelle la *persona*, le masque que nous portons sur notre figure dans le théâtre social, est bien constitué et nous colle à la peau, nous sentons bien que cet édifice que nous avons bâti s'est fait de beaucoup d'exclusions, de renoncements : en fait, l'éventail infini et magique des possibles grands ouverts devant nous, c'est seulement dans l'enfance que nous l'avons connu. Mais à force de faire ensuite des choix, qui sont autant de négations, nous avons beaucoup refoulé : l'*ombre* en nous, pour reprendre encore un terme jungien, s'est considérablement opacifiée. Alors nous risquons de devenir bel et bien « la proie pour l'ombre ». Tout l'édifice va se fissurer, exactement comme les rides et crevasses sur le front de l'homme mûr (celui de Christophe) succèdent au front lisse et bombé de l'enfant. Un moment encore, pour retenir le bras du bourreau, pour reculer l'échéance, le jugement ou la *crise* (dans le grec néotestamentaire jugement se dit *krisis*), on compense, voire on surcompense. Mais tôt ou tard à la fin on décompense : on chute, non peut-être dans son escalier, mais bien de tout son haut, de son statut et de sa statue, de sa personnalité sociale. On fait ce qu'on appelle aujourd'hui une dépression.

Mais cette situation est connue depuis toujours. C'est l'*acédie* dont parlent les Psaumes dans la version de la Septante (Psaume 119/28), ou encore ce démon qui ravage à midi, qui écrase toutes perspectives riantes ou stimulantes dans la lumière verticale et aveuglante du zénith, et nous accable alors : Psaume 91/6. Ce « démon de midi », je dirai de la mi-vie, dépasse, on le voit, le sens petit-bourgeois qu'on donne la plupart du temps à l'expression (un homme d'âge mûr partant avec une jeunesse). C'est une crise existentielle qu'il indique. Personne n'y échappe.

« Si le sel perd sa saveur, avec quoi la lui rendra-t-on? » (Matthieu 5/13 ; Marc 9/50 ; Luc 14/34) Pour répondre à cette crise, il faut voir clairement ce qui arrive, ne pas s'abuser. Dans une dépression il vaut mieux, quand on le peut, en scruter les causes plutôt qu'en anesthésier les symptômes : mieux vaut la penser, que la panser. Et pour cela par exemple relire la Bible, qui la modélise et la raconte.

Alors pour conjurer l'être déchu ou amputé que nous incarnons maintenant nous pourrons nous tourner vers l'enfant que nous portons en nous : son univers n'est pas la division, la séparation d'avec le monde, mais l'unification, la symbiose. Toute la vie sociale désormais pour nous s'en trouvera relativisée. Si nous y jouons encore notre jeu, ce sera avec la conscience du jeu, donc avec distance. De toute façon, ce changement, cette conversion (en grec, *metanoïa*), ce retour à l'enfant intérieur, nous pouvons toujours le faire : il ne suffit que d'écouter sa voix en nous, au plus profond de nous-mêmes. Faisons taire le bruit autour de nous, écoutons la voix qui nous appelle. Et de même que quand il fait gris nous savons, pour l'avoir déjà vu, que le soleil est derrière les nuages, de même quand nous étourdit la voix sociale, nous savons qu'est encore en nous la voix de l'enfant, qui appelle en nous, que nous avons laissé derrière nous, au bord de la route, que nous pensons avoir oublié, mais qu'il ne s'agit que d'écouter. Alors il nous donnera le courage de marcher, d'avancer à nouveau : dans la vie, c'est toujours le souvenir qui donne un avenir.

La metanoïa s'oppose à la paranoïa, qui est la survalorisation habituelle de l'ego chez l'adulte. Elle est un retour, à soi, à son Soi essentiel, à l'Enfant qu'on porte en soi : il est plus homme que l'homme. Il faut donc opérer ce que j'appellerai ici une régression positive.

À ce propos, ne confondez surtout pas ici l'enfant infantile qui nous attache au passé en nous taraudant de regrets stériles, et l'enfant spiri-

Saint Christophe, ou l'Enfant salvateur

tuel, qui nous indique comment à l'avenir nous pouvons nous réconcilier avec nous-même, peut-être s'il le faut encore jouer notre partie en société, mais précisément comme un jeu, et avec conscience du jeu. À la lumière de cette opposition, on comprend pourquoi Jésus peut à la fois condamner la régression négative telle celle de la femme de Loth (« Nul n'est apte au Royaume de Dieu s'il regarde en arrière », Luc 9/62 et 17/32), et faire l'éloge du petit enfant seul apte à entrer dans le Royaume (Matthieu 18/3).

On voit alors en quoi pourrait consister cette male mort dont l'image de saint Christophe pourrait nous protéger. C'est ce qui risque d'arriver à celui qui n'analyse pas clairement ce qui se produit dans toute vie d'adulte, qui ne voit pas ce qu'elle est vraiment au regard de l'Enfant intérieur : une capitulation. Celui-là est dans l'état de mourir toujours bloqué, sans avoir rien compris à ce qui lui arrive. Et même s'il croit vivre aujourd'hui, en fait il est un mort-vivant. En société il peut bien continuer à faire illusion : mais au fond de lui-même il est statufié, mort spirituellement. Pour s'en convaincre, il suffit par exemple d'interroger ses proches, qui eux le voient bel et bien tel qu'il est une fois rentré chez lui, et le masque tombé : un imposteur. Combien en connaissons-nous de ces hommes statues, qui sont comme ces étoiles dont la lumière continue bien encore à nous parvenir, mais sont mortes depuis longtemps !

Dans l'appréhension de la male mort, on craignait autrefois le jugement de Dieu. Je pense qu'un autre jugement est possible : celui qu'un être ainsi devenu factice pourrait porter sur lui-même, si d'aventure il se voyait un jour à l'improviste tel qu'il est devenu, traître à l'Enfant qu'il a été. Sans préparation, sans soupçon même de ce moment, il pourrait en être définitivement détruit. C'est pourquoi, pour s'en préserver, il devrait méditer, comme je l'ai fait, sur cette image de saint Christophe.

J'espère au moins pour moi-même en avoir tiré l'enseignement : je laisse en tout cas à mes proches le soin de le dire. – Et maintenant je renvoie le lecteur, pour de plus amples considérations sur ce sujet, à mon ouvrage *Sur les chemins de la sagesse*, paru aux éditions BoD en 2017.

[Juin-juillet 2017]

Table

Avant-propos 7

Les peurs 9
- Peur de son ombre 11
- Peurs 17
- Schizophrénies religieuses 27

La religion-lien 37
- Acheter Dieu ? 39
- La Foi aveugle ? 51
- La Trinité barbare 59
- Le Christ Pélican (ou : Je t'ai donné mon cœur…) 69
- Limites de l'Incarnation 83
- Porter sa croix ? 95
- Sacrifice 103
- Symbolisme (Jean 6/55-56) 115

La religion-relecture 123
- Fictions évangéliques 125
- Le Baptême des larmes 137
- Le Christ compagnon 145
- Le Royaume intérieur (Luc 17/21) 153
- Revenir à soi 161
- Saint Christophe, ou l'Enfant salvateur 173

Table 181

Du même auteur 183

Du même auteur

■ Éditions Graphium, 4, Boulevard Berthelot, 34000 Montpellier :

Beaudonnet, traces et fragments d'un langage peint, préface d'André Chastel, 1987.

■ Éditions du Centre Régional de Documentation Pédagogique, Allée de la Citadelle, 34064 Montpellier :

Rhétorique de l'image, 3e édition, 1993.
Le Style par l'image, 1993.
99 réponses sur les procédés de style, 2e édition 1995.
Laquelle est la vraie ?, 1997.

■ Éditions Ellipses, Paris :

Comprendre la culture générale, 1991.
Réussir le commentaire stylistique, 1992.
Initiation à l'art, 1993.

■ Éditions Albin Michel, Paris :

Les Deux visages de Dieu. Une lecture agnostique du Credo, 2001.
Petit lexique des hérésies chrétiennes, 2005.

■ Éditions Golias, Villeurbanne :

Théologie buissonnière – Les mots-clés de la culture religieuse :
tome 1 : 2007 – tome 2 : 2010.
Des mots pour le dire – L'actualité au fil des jours, 2011.
À l'ombre de la Bible – Scènes de vie, 2014.

Du même auteur

La Source intérieure, préface d'André Gounelle, 3ᵉ édition revue et augmentée, 2015.
Propos croisés – sur la vie, sur la Bible et sur Dieu, 2016.
226

■ Éditions Dervy, Paris :

Une Voix nommée Jésus – L'Évangile selon Thomas, 2010.
Méandres de l'amour - Éros et Agapè, 2014.

■ Éditions Le Publieur, Paris (www.lepublieur.com) :

Cours de stylistique en 99 leçons, ouvrage électronique multimédia, 2014.
Petite philosophie de l'actualité, ouvrage électronique multimédia, 2014.

■ Éditions Olivétan, Lyon :

Théologie buissonnière, ouvrage électronique multimédia, 2016.

■ Éditions BoD, Paris (www.BoD.fr) – Ouvrages disponibles en double format (livre papier et livre électronique) :

Sur les chemins de la sagesse, 2017
La Stylistique expliquée – La littérature et ses enjeux, 2017
Tels ils marchaient dans les avoines folles – Dialogues sur le visible, 2017
Théologie buissonnière (Préface d'André Gounelle) : *Tomes 1 et 2*, 2017
La Source intérieure (Préface d'André Gounelle), 2017
Marges du Livre – Fictions bibliques, 2017